예수님의 제자를 위한

큐티 시리즈 1

# 주니어 사순절 큐티

말씀으로 예수님을 만나는 시간

## 『주니어 사순절 큐티』 이렇게 활용하세요!

이 책은 사순절 전 주일부터 부활주일까지 총 8일의 주일, 그리고 재의 수요일부터 부활주일 전날까지 총 40일의 사순절을 위한 큐티집이에요. 매일의 큐티와 매 주일의 말씀 나눔을 통해 예수님을 더욱 깊이 알고, 더욱 사랑하게 되는 사순절이 되길 소망합니다.

### 주일을 위한 활동

**주일에 함께해요!**

부서의 각 반 또는 가정에서 주일 설교 말씀을 되새기고, 함께 나누어요.

**아하! 그렇구나**

절기, 주일 설교와 큐티 본문을 좀 더 풍성하게 이해할 수 있는 글이에요.

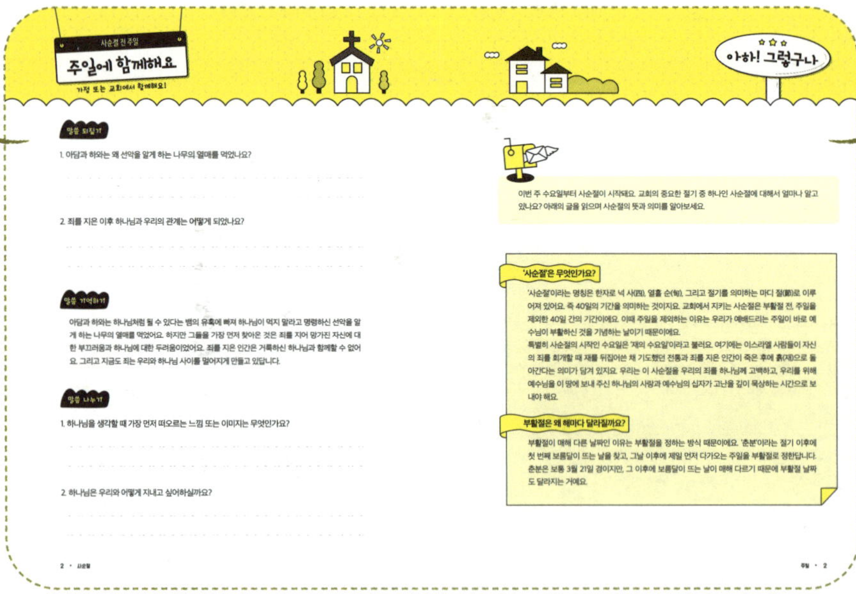
사순절 전 주일

주일에 함께해요

가정 또는 교회에서 함께해요!

말씀 되짚기

1. 아담과 하와는 왜 선악을 알게 하는 나무의 열매를 먹었나요?

2. 죄를 지은 이후 하나님과 우리의 관계는 어떻게 되었나요?

말씀 기억하기

아담과 하와는 하나님처럼 될 수 있다는 뱀의 유혹에 빠져 하나님이 먹지 말라고 명령하신 선악을 알게 하는 나무의 열매를 먹었어요. 하지만 그들을 가장 먼저 찾아온 것은 죄를 지어 망가진 자신에 대한 부끄러움과 하나님에 대한 두려움이었어요. 죄를 지은 인간은 거룩하신 하나님과 함께할 수 없어요. 그리고 지금도 죄는 우리와 하나님 사이를 멀어지게 만들고 있답니다.

말씀 나누기

1. 하나님을 생각할 때 가장 먼저 떠오르는 느낌 또는 이미지는 무엇인가요?

2. 하나님은 우리와 어떻게 지내고 싶어하실까요?

2 · 사순절

아하! 그렇구나

이번 주 수요일부터 사순절이 시작돼요. 교회의 중요한 절기 중 하나인 사순절에 대해서 얼마나 알고 있나요? 아래의 글을 읽으며 사순절의 뜻과 의미를 알아보세요.

'사순절'은 무엇인가요?

'사순절'이라는 명칭은 한자로 넉 사(四), 열흘 순(旬), 그리고 절기를 의미하는 마디 절(節)로 이루어져 있어요. 즉 40일의 기간을 의미하는 것이지요. 교회에서 지키는 사순절은 부활절 전, 주일을 제외한 40일 간의 기간이에요. 이때 주일을 제외하는 이유는 우리가 예배드리는 주일이 바로 예수님이 부활하신 것을 기념하는 날이기 때문이에요.
특별히 사순절의 시작인 수요일은 '재의 수요일'이라고 불러요. 여기에는 이스라엘 사람들이 자신의 죄를 회개할 때 재를 뒤집어쓴 채 기도했던 전통과 죄를 지은 인간이 죽은 후에 흙(재)으로 돌아간다는 의미가 담겨 있지요. 우리는 이 사순절을 우리의 죄를 하나님께 고백하고, 우리를 위해 예수님을 이 땅에 보내 주신 하나님의 사랑과 예수님의 십자가 고난을 깊이 묵상하는 시간으로 보내야 해요.

부활절은 왜 해마다 달라질까요?

부활절이 매해 다른 날짜인 이유는 부활절을 정하는 방식 때문이에요. '춘분'이라는 절기 이후에 첫 번째 보름달이 뜨는 날을 찾고, 그날 이후에 제일 먼저 다가오는 주일을 부활절로 정한답니다. 춘분은 보통 3월 21일 경이지만, 그 이후에 보름달이 뜨는 날이 매해 다르기 때문에 부활절 날짜도 달라지는 거예요.

주일 · 2

* 각 주일의 활동은 <주니어 사순절 큐티> 지도자교재와 흐름을 같이 하고 있어요.
매 주일 설교를 위한 PPT자료를 함께 제공합니다.

## 월요일부터 토요일까지! 매일의 큐티

**말씀 읽기**

큐티 본문으로 개역개정판 성경을 사용했어요.

**돌아보기**

본문을 묵상하며 자신을 돌아볼 수 있는 질문이에요.

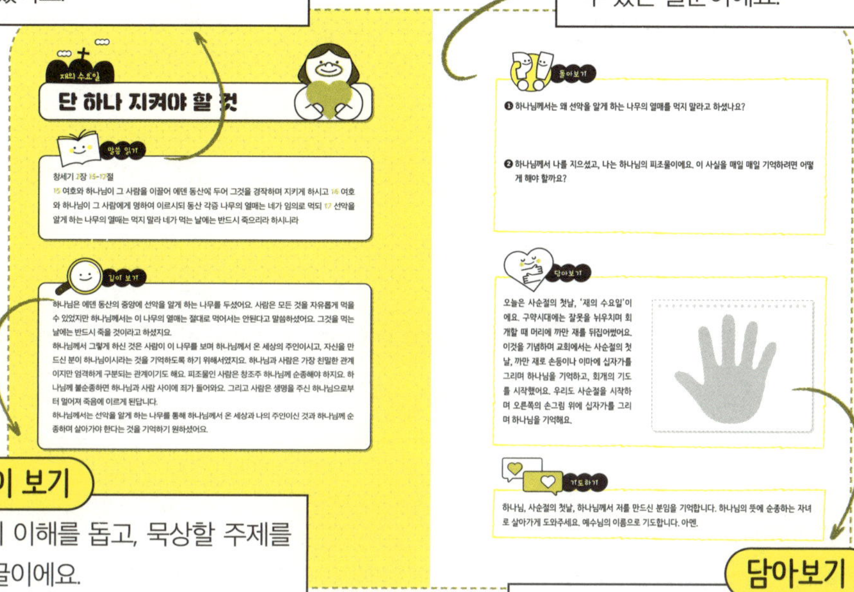


**깊이 보기**

본문의 이해를 돕고, 묵상할 주제를 담은 글이에요.

**담아보기**

간단한 활동을 통해 말씀을 마음에 깊이 담아요.

## 특별부록: 고난주간에 떠나는 성지순례

예수님이 우리를 위해 십자가를 지고 걸어가신 길, 비아 돌로로사(라틴어, Via Dolorosa : 슬픔의 길)를 따라가요.

고난주간 동안 잘 보이는 곳에 세워두고 우리를 위해 고난을 당하신 예수님의 사랑을 묵상해 보세요.

사순절 전 주일

# 주일에 함께해요

가정 또는 교회에서 함께해요!

## 말씀 되짚기

1. 아담과 하와는 왜 선악을 알게 하는 나무의 열매를 먹었나요?

2. 죄를 지은 이후 하나님과 우리의 관계는 어떻게 되었나요?

## 말씀 기억하기

아담과 하와는 하나님처럼 될 수 있다는 뱀의 유혹에 빠져 하나님이 먹지 말라고 명령하신 선악을 알게 하는 나무의 열매를 먹었어요. 하지만 그들을 가장 먼저 찾아온 것은 죄를 지어 망가진 자신에 대한 부끄러움과 하나님에 대한 두려움이었어요. 죄를 지은 인간은 거룩하신 하나님과 함께할 수 없어요. 그리고 지금도 죄는 우리와 하나님 사이를 멀어지게 만들고 있답니다.

## 말씀 나누기

1. 하나님을 생각할 때 가장 먼저 떠오르는 느낌 또는 이미지는 무엇인가요?

2. 하나님은 우리와 어떻게 지내고 싶어하실까요?

# 아하! 그렇구나

이번 주 수요일부터 사순절이 시작돼요. 교회의 중요한 절기 중 하나인 사순절에 대해서 얼마나 알고 있나요? 아래의 글을 읽으며 사순절의 뜻과 의미를 알아보세요.

## '사순절'은 무엇인가요?

'사순절'이라는 명칭은 한자로 넉 사(四), 열흘 순(旬), 그리고 절기를 의미하는 마디 절(節)로 이루어져 있어요. 즉 40일의 기간을 의미하는 것이지요. 교회에서 지키는 사순절은 부활절 전, 주일을 제외한 40일 간의 기간이에요. 이때 주일을 제외하는 이유는 우리가 예배드리는 주일이 바로 예수님이 부활하신 것을 기념하는 날이기 때문이에요.

특별히 사순절의 시작인 수요일은 '재의 수요일'이라고 불러요. 여기에는 이스라엘 사람들이 자신의 죄를 회개할 때 재를 뒤집어쓴 채 기도했던 전통과 죄를 지은 인간이 죽은 후에 흙(재)으로 돌아간다는 의미가 담겨 있지요. 우리는 이 사순절을 우리의 죄를 하나님께 고백하고, 우리를 위해 예수님을 이 땅에 보내 주신 하나님의 사랑과 예수님의 십자가 고난을 깊이 묵상하는 시간으로 보내야 해요.

## 부활절은 왜 해마다 달라질까요?

부활절이 매해 다른 날짜인 이유는 부활절을 정하는 방식 때문이에요. '춘분'이라는 절기 이후에 첫 번째 보름달이 뜨는 날을 찾고, 그날 이후에 제일 먼저 다가오는 주일을 부활절로 정한답니다. 춘분은 보통 3월 21일 경이지만, 그 이후에 보름달이 뜨는 날이 매해 다르기 때문에 부활절 날짜도 달라지는 거예요.

재의 수요일

# 단 하나 지켜야 할 것

## 말씀 읽기

창세기 2장 15-17절

15 여호와 하나님이 그 사람을 이끌어 에덴 동산에 두어 그것을 경작하며 지키게 하시고 16 여호와
하나님이 그 사람에게 명하여 이르시되 동산 각종 나무의 열매는 네가 임의로 먹되 17 선악을 알게
하는 나무의 열매는 먹지 말라 네가 먹는 날에는 반드시 죽으리라 하시니라

## 깊이 보기

하나님은 에덴 동산의 중앙에 선악을 알게 하는 나무를 두셨어요. 사람은 모든 것을 자유롭게 먹을 수 있었지만 하나님께서는 이 나무의 열매는 절대로 먹어서는 안된다고 말씀하셨어요. 그것을 먹는 날에는 반드시 죽을 것이라고 하셨지요.

하나님께서 그렇게 하신 것은 사람이 이 나무를 보며 하나님께서 온 세상의 주인이시고, 자신을 만드신 분이 하나님이시라는 것을 기억하도록 하기 위해서였지요. 하나님과 사람은 가장 친밀한 관계이지만 엄격하게 구분되는 관계이기도 해요. 피조물인 사람은 창조주 하나님께 순종해야 하지요. 하나님께 불순종하면 하나님과 사람 사이에 죄가 들어와요. 그리고 사람은 생명을 주신 하나님으로부터 멀어져 죽음에 이르게 된답니다.

하나님께서는 선악을 알게 하는 나무를 통해 하나님께서 온 세상과 나의 주인이신 것과 하나님께 순종하며 살아가야 한다는 것을 기억하기 원하셨어요.

## 돌아보기

❶ 하나님께서는 왜 선악을 알게 하는 나무의 열매를 먹지 말라고 하셨나요?

❷ 하나님께서 나를 지으셨고, 나는 하나님의 피조물이에요. 이 사실을 매일 매일 기억하려면 어떻게 해야 할까요?

## 담아보기

오늘은 사순절의 첫날, '재의 수요일'이에요. 구약시대에는 잘못을 뉘우치며 회개할 때 머리에 까만 재를 뒤집어썼어요. 이것을 기념하며 교회에서는 사순절의 첫날, 까만 재로 손등이나 이마에 십자가를 그리며 하나님을 기억하고, 회개의 기도를 시작했어요. 우리도 사순절을 시작하며 오른쪽의 손그림 위에 십자가를 그리며 하나님을 기억해요.

## 기도하기

하나님, 사순절의 첫날, 하나님께서 저를 만드신 분임을 기억합니다. 하나님의 뜻에 순종하는 자녀로 살아가게 도와주세요. 예수님의 이름으로 기도합니다. 아멘.

두 번째 날

# 잊어버린 하나님의 말씀

## 말씀 읽기

창세기 3장 1-6절

1 그런데 뱀은 여호와 하나님이 지으신 들짐승 중에 가장 간교하니라 뱀이 여자에게 물어 이르되 하
나님이 참으로 너희에게 동산 모든 나무의 열매를 먹지 말라 하시더냐 2 여자가 뱀에게 말하되 동산
나무의 열매를 우리가 먹을 수 있으나 3 동산 중앙에 있는 나무의 열매는 하나님의 말씀에 너희는 먹
지도 말고 만지지도 말라 너희가 죽을까 하노라 하셨느니라 4 뱀이 여자에게 이르되 너희가 결코 죽
지 아니하리라 5 너희가 그것을 먹는 날에는 너희 눈이 밝아져 하나님과 같이 되어 선악을 알 줄 하
나님이 아심이니라 6 여자가 그 나무를 본즉 먹음직도 하고 보암직도 하고 지혜롭게 할 만큼 탐스럽
기도 한 나무인지라 여자가 그 열매를 따먹고 자기와 함께 있는 남편에게도 주매 그도 먹은지라

## 깊이 보기

어느 날 뱀이 하와를 찾아와서 이상한 질문을 했어요. "하나님이 참으로 너희에게 동산 모든 나무의 열매를 먹지 말라 하시더냐". 그런데 하와는 하나님의 말씀과는 조금 다른 대답을 했어요. '선악을 알게 하는 나무'를 '동산 중앙에 있는 나무'로, '먹지 말라'는 명령을 '먹지도 말고 만지지도 말라'는 말로 바꾸어 말했어요. 하와는 하나님의 말씀을 그대로 기억하지 못했던 거예요.

뱀은 이것을 알고 그 나무 열매를 먹어도 죽지 않고, 하나님처럼 되어 선악을 알게 될 것이라고 말했지요. 뱀의 이야기를 들은 하와의 마음에 욕심이 생겼어요. 하나님처럼 되고 싶어졌어요. 결국 하와는 뱀의 유혹에 넘어가 선악을 알게 하는 나무의 열매를 먹었어요. 남편인 아담도 함께 그 열매를 먹었지요. 하나님의 말씀을 올바로 기억하지 못한 아담과 하와는 하나님의 말씀에 불순종하는 죄를 지었어요. 하나님께서는 우리가 하나님의 말씀을 잘 기억하여 순종의 길을 가기를 원하세요.

## 돌아보기

❶ 내가 만약 에덴 동산에 있었다면 뱀의 질문에 무엇이라고 대답했을까요?

❷ 하나님의 말씀을 기억하기 위해서는 어떻게 해야 할까요?

## 담아보기

아담과 하와가 기억하고 순종해야 했던 하나님의 말씀은 무엇이었나요? 아래의 말씀을 따라 쓰며 하나님의 말씀을 기억해요.

여호와 하나님이 그 사람에게 명하여 이르시되 동산 각종 나무의 열매는 네가 임의로 먹되 선악을 알게 하는 나무의 열매는 먹지 말라 네가 먹는 날에는 반드시 죽으리라 하시니라 (창세기 2장 16-17절)

## 기도하기

하나님, 저의 모든 죄를 고백해요. 모두 용서해 주세요. 하나님과 더욱 가까워지고 싶어요. 하나님을 날마다 기억하는 어린이가 되게 해 주세요. 예수님의 이름으로 기도합니다. 아멘.

세 번째 날

# 모두가 멀어졌어요

## 말씀 읽기

창세기 3장 7-13절

7 이에 그들의 눈이 밝아져 자기들이 벗은 줄을 알고 무화과나무 잎을 엮어 치마로 삼았더라 8 그들
이 그 날 바람이 불 때 동산에 거니시는 여호와 하나님의 소리를 듣고 아담과 그의 아내가 여호와 하
나님의 낯을 피하여 동산 나무 사이에 숨은지라 9 여호와 하나님이 아담을 부르시며 그에게 이르시
되 네가 어디 있느냐 10 이르되 내가 동산에서 하나님의 소리를 듣고 내가 벗었으므로 두려워하여
숨었나이다 11 이르시되 누가 너의 벗었음을 네게 알렸느냐 내가 네게 먹지 말라 명한 그 나무 열매
를 네가 먹었느냐 12 아담이 이르되 하나님이 주셔서 나와 함께 있게 하신 여자 그가 그 나무 열매를
내게 주므로 내가 먹었나이다 13 여호와 하나님이 여자에게 이르시되 네가 어찌하여 이렇게 하였느
냐 여자가 이르되 뱀이 나를 꾀므로 내가 먹었나이다

## 깊이 보기

선악을 알게 하는 나무의 열매를 먹자 이상한 일이 생겼어요. 갑자기 벌거벗은 것이 부끄러워졌어요. 그래서 무화과나무 잎으로 몸을 가렸어요. 하나님의 소리가 들리자 두려워서 숨었어요. 죄를 짓게 되자 하나님과의 사이가 멀어졌어요. 하나님을 만나는 것이 너무 두려워졌어요.

하나님께서는 아담과 하와에게 왜 선악을 알게 하는 나무의 열매를 먹었는지 물으셨어요. 아담은 잘못을 뉘우치지 않고 하나님께서 주신 여자 때문이라는 핑계를 대었어요. 죄를 짓자 함께 에덴 동산을 가꾸고 다스리던 아담과 하와의 사이가 멀어졌어요.

죄는 우리와 하나님 사이의 관계를 멀어지게 만들고, 사람들 사이의 관계도 멀어지게 만들어요. 죄를 지었을 때 정직하게 하나님께 고백하세요. 우리가 회개할 때 하나님께서는 넉넉한 사랑으로 용서해 주시고, 하나님과 더욱 가까운 관계로 인도해 주실 거예요.

## 돌아보기

❶ 하나님께서 아담을 부르실 때 아담은 어떤 기분이었을까요?

❷ 하나님께서 선악을 알게 하는 나무의 열매를 왜 먹었는지 아담에게 물으시자, 아담은 하와 때문이라고 대답했어요. 아담의 옆에서 이 대답을 들은 하와의 마음은 어땠을까요?

## 담아보기

하나님께서 가장 처음 만드신 사람, 아담과 하와에 대해 알아보세요.

### 아담

- 이름의 뜻 : 남자(흙)
- 최초의 사람

- 하나님께서는 아담에게 각 동물의 이름을 짓게 하셨어요.
- 하나님의 말씀에 불순종하여 선악을 알게 하는 나무의 열매를 먹었고, 이로 인해 세상에 죄가 들어왔어요.

### 하와

-이름의 뜻 : 생명
- 최초의 여자

- 하나님께서는 아담을 깊이 잠들게 하시고, 아담의 갈빗대 하나를 취하여 하와를 만드셨어요.
- 뱀의 유혹에 넘어가 선악을 알게 하는 나무의 열매를 먹고, 아담에게도 주었어요.

## 기도하기

하나님, 저의 모든 죄를 고백해요. 용서해 주세요. 하나님과 더욱 가까워지고 싶어요. 하나님을 날마다 기억하는 어린이가 되게 해 주세요. 예수님의 이름으로 기도합니다. 아멘.

네 번째 날

# 그럼에도 불구하고

## 말씀 읽기

창세기 3장 16-21절

16 또 여자에게 이르시되 내가 네게 임신하는 고통을 크게 더하리니 네가 수고하고 자식을 낳을 것
이며 너는 남편을 원하고 남편은 너를 다스릴 것이니라 하시고 17 아담에게 이르시되 네가 네 아내의
말을 듣고 내가 네게 먹지 말라 한 나무의 열매를 먹었은즉 땅은 너로 말미암아 저주를 받고 너는 네
평생에 수고하여야 그 소산을 먹으리라 18 땅이 네게 가시덤불과 엉겅퀴를 낼 것이라 네가 먹을 것
은 밭의 채소인즉 19 네가 흙으로 돌아갈 때까지 얼굴에 땀을 흘려야 먹을 것을 먹으리니 네가 그것
에서 취함을 입었음이라 너는 흙이니 흙으로 돌아갈 것이니라 하시니라 20 아담이 그의 아내의 이름
을 하와라 불렀으니 그는 모든 산 자의 어머니가 됨이더라 21 여호와 하나님이 아담과 그의 아내를
위하여 가죽옷을 지어 입히시니라

## 깊이 보기

죄를 지은 아담과 하와의 삶은 완전히 달라졌어요. 에덴 동산에서 언제나 하나님과 함께했던 아담과 하와는 이제 더 이상 거룩하신 하나님 곁에 있을 수 없게 되었어요. 모든 것을 풍족하게 누리며 살았던 그들은 죽어서 흙으로 돌아갈 때까지 일평생을 땀을 흘리며 고통스럽게 살게 되었어요. 죄의 결과는 참혹했어요. 하나님과 멀어진 아담과 하와는 결국 죽음의 길로 갈 수밖에 없었어요.

그럼에도 불구하고 하나님께서는 아담과 하와에게 은혜를 베풀어 주셨어요. 죄를 짓고, 벌거벗어서 부끄러워하는 아담과 하와를 불쌍히 여기셨어요. 가죽옷을 만들어 입혀 주시며 돌보아 주셨어요. 하나님께서는 여전히 아담과 하와를 사랑하셨기 때문이에요.

아담과 하와가 지은 죄는 지금 우리 안에도 있어요. 하지만 사람은 아무리 노력해도 죄의 문제를 해결할 수 없어요. 오직 하나님의 은혜로만 가능하지요. 사랑의 하나님은 우리와 함께하시기 위해 죄와 죽음의 문제를 해결하기 위한 방법을 준비하셨답니다.

## 돌아보기

❶ 하나님께서는 왜 아담과 하와에게 가죽옷을 입혀 주셨을까요?

❷ 가죽옷을 입은 아담과 하와의 마음은 어땠을까요? 만약 내가 아담과 하와였다면 하나님께 어떤 말을 했을까요?

## 담아보기

### 죄란 무엇일까요?

히브리어로 죄는 '하타'라고 해요. 여기에는 '벗어나다', '빗나가다'라는 의미가 있어요. 양궁 경기에서 과녁을 벗어난 화살은 점수를 얻을 수 없어요. 그렇게 날아간 화살은 큰 위험을 초래할 수도 있지요. 아담과 하와는 하나님 안에서 살아가야 하는 존재였지만 하나님의 말씀에 불순종함으로써 하나님 밖으로 벗어나고 말았어요. 바로 이것이 죄예요. 죄에 빠진 인간은 하나님을 떠나 방황하며 부끄러움과 두려움 속에 살아갈 수밖에 없어요.

## 기도하기

하나님, 가죽옷을 지어 주시며 끝까지 돌보신 사랑에 감사해요. 하나님의 사랑을 기억하며 감사를 잊지 않는 어린이가 되도록 도와주세요. 예수님의 이름으로 기도합니다. 아멘.

사순절 첫째 주일

# 주일에 함께해요

가정 또는 교회에서 함께해요!

## 말씀 되짚기

1. 구약 시대의 어린 양은 어떤 의미를 가지고 있었나요?

   출애굽 사건에서 :

   속죄제에서 :

2. 더 이상 우리에게 어린 양이 필요하지 않은 이유는 무엇인가요?

## 말씀 기억하기

세례 요한은 예수님을 향해 세상 죄를 지고 가는 '하나님의 어린 양'이라고 외쳤어요. 예수님이 우리의 죄를 대신 지시고 십자가에서 죽으심으로써, 더 이상 우리는 어린 양을 속죄제의 제물로 드리지 않게 되었어요. 하나님의 어린 양이신 예수님을 통해 우리는 하나님의 자녀가 되었어요. 그리고 우리는 영원히 하나님 나라에서 살아갈 수 있게 되었답니다.

## 말씀 나누기

1. 만약 지금도 속죄제를 드린다면 내 죄를 대신해서 죽는 어린 양을 보며 어떤 생각이 들까요?

2. 내 죄를 대신해 돌아가신 예수님께 어떤 말씀을 드리고 싶나요?

# 아하! 그렇구나

## 속죄제란?

하나님께서 정하신 속죄제에 대한 내용은 레위기 4-5장에 기록되어 있어요. 이스라엘 백성은 하나님의 계명을 알았든, 몰랐든, 실수로든 어떤 경우라도 어기면 반드시 속죄제를 드려야 했어요. 속죄제를 드림으로써 자신의 죄를 용서받고 하나님과의 관계에서 끊어지지 않을 수 있었기 때문이에요.

속죄제에 사용되는 제물은 죄를 지은 사람에 따라 달랐어요. 제사장이나 이스라엘의 모든 백성이 함께 죄를 지었을 경우에는 수송아지로, 족장의 경우에는 숫염소로, 평민의 경우에는 암염소나 암컷 어린 양으로, 아주 형편이 어려운 경우에는 산비둘기 두 마리나 집비둘기 새끼 두 마리 또는 고운 밀가루 십분의 일 에바(약 2.2L)를 제물로 드려야 했어요. 하나님께 드리는 이 제물은 어떤 흠도 없는 것이어야 했어요.

## 어린 양을 드리는 속죄제의 절차는?

가장 먼저 죄를 지은 사람은 제물로 드릴 어린 양을 성소의 회막 앞으로 가지고 와요. 그리고 어린 양의 머리 위에 손을 얹어 안수함으로써 자신의 죄를 넘겨씌워요. 다음으로 그 어린 양을 직접 잡으면, 제사장이 어린 양의 피를 번제단의 뿔들에 바르고 남은 피는 제단 아래에 쏟아요. 그 뒤에 어린 양의 기름을 번제단 위에서 태움으로써 속죄제 예식을 마무리했어요.

예수님은 하나님의 어린 양으로서 이 세상에 오셨어요. 직접 우리의 모든 죄를 넘겨받으시고, 십자가에서 피와 물을 모두 쏟으시며 돌아가셨지요. 우리를 위한 속죄제의 제물이 되신 예수님으로 인해 우리는 하나님께 모든 죄를 용서받았어요.

다섯 번째 날

# 돌보시고 기억하셨어요

## 말씀 읽기

출애굽기 2장 23-25절
23 여러 해 후에 애굽 왕은 죽었고 이스라엘 자손은 고된 노동으로 말미암아 탄식하며 부르짖으니
그 고된 노동으로 말미암아 부르짖는 소리가 하나님께 상달된지라 24 하나님이 그들의 고통 소리를
들으시고 하나님이 아브라함과 이삭과 야곱에게 세운 그의 언약을 기억하사 25 하나님이 이스라엘
자손을 돌보셨고 하나님이 그들을 기억하셨더라

로마서 6장 23절
23 죄의 값은 죽음뿐입니다. 그러나 하나님께서 값없이 주시는 선물은 우리 주 예수 그리스도와 함께 사는 영원한 생명입니다.(현대어 성경)

## 깊이 보기

이스라엘 백성은 애굽의 노예였어요. 무려 400년이 넘는 시간 동안 말이에요. 노예로 살아가던 이스라엘 백성에게는 아무런 소망이 없었어요. 죽을 때까지 고된 노동과 고통에 시달릴 뿐이었어요. 하지만 하나님께서는 이스라엘 백성이 부르짖는 소리를 들으셨어요. 애굽의 노예가 아닌 하나님의 백성으로 살아갈 수 있도록 모세를 보내어 가나안으로 인도하셨어요.
우리는 죄의 노예로 살아가고 있었어요. 그리고 죄는 우리를 사망으로 인도할 뿐이에요. 하지만 우리를 사랑하시는 하나님께서는 우리를 위해 예수님을 보내 주셨어요. 그리고 우리가 죄의 노예가 아닌 하나님의 자녀로 영원한 생명을 누릴 수 있도록 해 주셨어요.

## 돌아보기

❶ 항상 다른 사람이 시키는 대로만 살아가면 어떻게 될까요?

❷ 죄는 우리를 사망으로 이끌어 가려 해요. 하지만 우리는 죄의 노예가 아닌 하나님의 자녀! 하나님을 기억할 수 있는 작은 습관 한 가지를 만들어 볼까요?

## 담아보기

하나님께서 우리에게 주신 선물은 무엇일까요? 암호 해독표를 보고, 암호를 풀어 보세요.

<암호> ▲↓▲▲⊂←●♠→● △→♣▲★↓▲

<암호 해독표>

| ㄱ | ㄴ | ㄷ | ㄹ | ㅁ | ㅂ | ㅅ | ㅇ | ㅈ | ㅊ | ㅍ | ㅎ |
|---|---|---|---|---|---|---|---|---|---|---|---|
| ○ | ● | ◇ | ◆ | ★ | ■ | △ | ▲ | ▽ | ▼ | ♤ | ♠ |

| ㅏ | ㅑ | ㅓ | ㅕ | ㅗ | ㅛ | ㅜ | ㅠ | ㅡ | ㅣ |
|---|---|---|---|---|---|---|---|---|---|
| → | ↑ | ← | ↓ | ↔ | 〓 | ⊂ | ⊃ | ♧ | ♣ |

답 : 영원한 생명

## 기도하기

하나님, 저를 하나님의 자녀로 삼아 주셔서 감사해요. 더 이상 죄를 따라 살아가지 않고, 하나님의 말씀만 따라가게 해 주세요. 예수님의 이름으로 기도합니다. 아멘.

여섯 번째 날

# 약속의 땅 가나안으로

## 말씀 읽기

출애굽기 6장 2-8절

2 하나님이 모세에게 말씀하여 이르시되 나는 여호와이니라 3 내가 아브라함과 이삭과 야곱에게 전
능의 하나님으로 나타났으나 나의 이름을 여호와로는 그들에게 알리지 아니하였고 4 가나안 땅 곧
그들이 거류하는 땅을 그들에게 주기로 그들과 언약하였더니 5 이제 애굽 사람이 종으로 삼은 이스
라엘 자손의 신음 소리를 내가 듣고 나의 언약을 기억하노라 6 그러므로 이스라엘 자손에게 말하기
를 나는 여호와라 내가 애굽 사람의 무거운 짐 밑에서 너희를 빼내며 그들의 노역에서 너희를 건지며
편 팔과 여러 큰 심판들로써 너희를 속량하여 7 너희를 내 백성으로 삼고 나는 너희의 하나님이 되리
니 나는 애굽 사람의 무거운 짐 밑에서 너희를 빼낸 너희의 하나님 여호와인 줄 너희가 알지라 8 내
가 아브라함과 이삭과 야곱에게 주기로 맹세한 땅으로 너희를 인도하고 그 땅을 너희에게 주어 기업
을 삼게 하리라 나는 여호와라 하셨다 하라

## 깊이 보기

하나님께서는 이스라엘의 조상 아브람*에게 약속하셨어요. 그 약속은 이스라엘 백성에게 가나안 땅을 주신다는 것이었지요. 시간이 많이 흐른 뒤, 이스라엘 백성은 애굽의 노예로 살아가게 되었지만 하나님께서는 그 약속을 잊지 않으셨어요. 그리고 이스라엘 백성을 가나안으로 인도할 지도자, 모세를 세우셨지요. 모세는 애굽의 바로 왕에게 이스라엘 백성을 가나안으로 보내라는 하나님의 말씀을 전했어요. 그러나 바로 왕은 하나님의 말씀에 순종하지 않고 도리어 이스라엘 백성을 더욱 괴롭혔어요. 하나님께서는 바로 왕을 두려워하는 이스라엘 백성을 위로하시며 돌보시고, 구해 주시고, 지켜 주시겠다고 말씀하셨어요. 반드시 가나안으로 인도해 주실 거라고 약속하셨어요. 그리고 그 약속을 지키셨어요.

하나님께서는 죄의 노예로 살아가고 있던 우리를 위해 예수님을 보내셨어요. 예수님을 통해 우리를 하나님 나라로 인도하시겠다고 약속하셨어요. 그리고 우리가 하나님 나라에 들어갈 때까지 우리를 돌보시고, 지키시고 필요한 모든 것을 채워 주실 거예요.

*** 아브람** 아브라함의 옛 이름이에요. 하나님은 아브람에게 '여러 민족의 아버지'라는 뜻의 '아브라함'이라는 이름을 주시고(창 17 : 5), 아브라함의 후손을 가나안으로 인도하겠다고 약속하셨어요.

## 돌아보기

❶ 하나님께서 이스라엘 백성을 어떻게 도와주신다고 하셨나요? 6절 말씀에서 찾아보세요.

❷ 하나님께서는 모든 것을 하실 수 있는 전능하신 분이에요. 나의 생활에 하나님의 도움이 필요한 힘든 일이 있나요? 무엇인지 적어 보아요. 그리고 하나님께 도움을 구하는 기도를 드려요.

## 담아보기

하나님께서는 출애굽기 6장 2절에서 자신의 이름을 알려 주셨어요. 하나님의 이름 '여호와'를 우리 말과 히브리어로 따라 써 보아요.

| 여호와 | יהוה |
|---|---|

Tip. 히브리어는 오른쪽에서 왼쪽으로 읽고 쓴답니다.

## 기도하기

하나님, 우리의 모든 순간을 지켜 주셔서 감사해요. 이스라엘 백성을 인도해 주신 것처럼 매일 매일 저를 인도해 주세요. 예수님의 이름으로 기도합니다. 아멘.

일곱 번째 날

# 구별하여 구원하셨어요

## 말씀 읽기

출애굽기 12장 21-27절

21 모세가 이스라엘 모든 장로를 불러서 그들에게 이르되 너희는 나가서 너희의 가족대로 어린 양을
택하여 유월절 양으로 잡고 22 우슬초 묶음을 가져다가 그릇에 담은 피에 적셔서 그 피를 문 인방과
좌우 설주에 뿌리고 아침까지 한 사람도 자기 집 문 밖에 나가지 말라 23 여호와께서 애굽 사람들에
게 재앙을 내리려고 지나가실 때에 문 인방과 좌우 문설주의 피를 보시면 여호와께서 그 문을 넘으시
고 멸하는 자에게 너희 집에 들어가서 너희를 치지 못하게 하실 것임이니라 24 너희는 이 일을 규례
로 삼아 너희와 너희 자손이 영원히 지킬 것이니 25 너희는 여호와께서 허락하신 대로 너희에게 주
시는 땅에 이를 때에 이 예식을 지킬 것이라 26 이 후에 너희의 자녀가 묻기를 이 예식이 무슨 뜻이냐
하거든 27 너희는 이르기를 이는 여호와의 유월절 제사라 여호와께서 애굽 사람에게 재앙을 내리실
때에 애굽에 있는 이스라엘 자손의 집을 넘으사 우리의 집을 구원하셨느니라 하라 하매 백성이 머리
숙여 경배하니라

## 깊이 보기

하나님께서는 하나님의 말씀을 듣지 않는 애굽 사람들에게 벌을 내리셨어요. 그러나 하나님의 말씀을 따랐던 이스라엘 백성은 구원하셨어요. 이스라엘 백성은 하나님의 명령을 따라 어린 양을 잡고, 그 피를 문틀에 발랐지요. 어린 양의 희생으로 이스라엘 백성은 죽음에서 보호받을 수 있었어요. 하나님께서는 이것을 기념하여 유월절이라는 절기로 지키라고 하셨어요. 유월절 사건 이후 이스라엘 백성은 애굽에서 벗어나 자유롭게 되어 가나안 땅으로 출발하게 되었지요.

유월절 어린 양은 하나님께서 이스라엘 백성을 구원하기 위해 준비하신 희생 제물이었어요. 유월절은 하나님의 사랑과 구원을 기념하는 날이에요. 유월절은 예수님의 십자가를 생각나게 해요. 하나님께서는 온 세상 사람을 구하기 위한 어린 양으로 예수님을 보내 주셨어요. 유월절 어린 양처럼 예수님이 죽으셨고, 우리는 죽음에서 구원을 받았어요.

## 돌아보기

❶ 유월절 어린 양의 희생으로 누가 구원을 받았나요?

❷ 예수님의 십자가로 누가 구원을 받았나요?

## 담아보기

가로, 세로 퀴즈를 풀어서 낱말 퍼즐을 맞추어 보세요.

<가로 퀴즈>

① 하나님을 떠나 죄를 짓도록 마음을 끌어당김
예) 뱀이 하와를 ○○했다.

② 특별한 날이나 시기. 하나님을 기념하기 위해 특별히 정해 놓은 날들 예) 성탄절, 부활절 등

③ 하나님의 이름

<세로 퀴즈>

❶ 하나님이 이스라엘 백성을 구원하시기 위해 어린 양의 피를 보고 보호해 주신 사건을 기념하여 지키는 것

❷ 인터넷을 무선으로 연결하는 기술

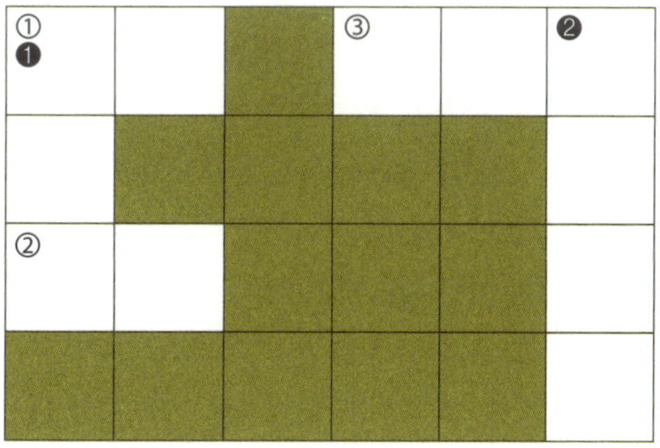


답 : ① 유혹 ② 절기 ③ 여호와 / ❶ 유월절 ❷ 와이파이

## 기도하기

하나님, 예수님의 십자가로 우리를 구원해 주셔서 감사해요. 예수님의 희생과 하나님의 사랑을 기억할게요. 하나님 사랑해요. 예수님의 이름으로 기도합니다. 아멘.

여덟 번째 날

# 속죄제의 제물, 어린 양

## 말씀 읽기

레위기 4장 32-35절

32 그가 만일 어린 양을 속죄제물로 가져오려거든 흠 없는 암컷을 끌어다가 33 그 속죄제 제물의 머
리에 안수하고 번제물을 잡는 곳에서 속죄제물로 잡을 것이요 34 제사장은 그 속죄제물의 피를 손가
락으로 찍어 번제단 뿔들에 바르고 그 피는 전부 제단 밑에 쏟고 35 그 모든 기름을 화목제 어린 양
의 기름을 떼낸 것 같이 떼내어 제단 위 여호와의 화제물 위에서 불사를지니 이같이 제사장이 그가
범한 죄에 대하여 그를 위하여 속죄한즉 그가 사함을 받으리라

## 깊이 보기

아담과 하와의 죄로 인해 모든 사람이 죄인이 되었어요. 죄인이 된 사람은 스스로의 힘으로는 죄를 없앨 수 없어요. 그래서 죄를 지으면 그 죄를 용서받기 위해 하나님께 속죄제를 드렸어요. 속죄는 '죄를 용서받는 것' 을 의미해요. 구약시대에는 양과 같은 동물을 하나님께 드리며 속죄의 제사를 드렸어요. 사람을 대신해 어린 양이 제물이 되어 죽었어요. 하나님께서는 그것을 받으시고, 죄를 용서해 주셨어요. 속죄제는 이렇게 죄로 인해 하나님과 멀어진 관계를 회복시키는 제사예요.

예수님이 어린 양처럼 속죄의 제물이 되어 십자가에서 죽으셨어요. 예수님이 단 한 번 십자가에서 세상 모든 사람의 죄를 지고 죽으심으로써 우리의 죄를 깨끗하게 해 주셨어요. 하나님과 사람의 관계를 완전히 회복시켜 주셨어요. 예수님을 통해 우리는 죄를 용서받고 하나님께 가까이 갈 수 있게 되었어요.

## 돌아보기

❶ 이스라엘 백성이 하나님께 죄를 용서받고, 하나님과의 관계를 회복하기 위해 드렸던 제사는 무엇인가요?

❷ 십자가를 바라보아요. 그리고 속죄제의 어린 양처럼 우리를 위해 죽으신 예수님의 희생과 사랑을 온 마음으로 느껴보아요. 십자가를 볼 때마다 예수님을 생각하는 어린이가 되기로 다짐해요.

## 담아보기

속죄제는 어떤 제사일까요? 암호 해독표를 보고 암호를 풀어 보세요.

<암호> ① 14 15 2 15 2 24 5 1 19 15 / ② 1 15 1 1 15 8 21 17 9 24 2 23 2

속죄제는 ① ______ 다시 ② ______ 제사예요.

<암호 해독표>

| 1 | 2 | 3 | 4 | 5 | 6 | 7 | 8 | 9 | 10 | 11 | 12 |
|---|---|---|---|---|---|---|---|---|---|---|---|
| ㄱ | ㄴ | ㄷ | ㄹ | ㅁ | ㅂ | ㅅ | ㅇ | ㅈ | ㅊ | ㅋ | ㅌ |
| 13 | 14 | 15 | 16 | 17 | 18 | 19 | 20 | 21 | 22 | 23 | 24 |
| ㅍ | ㅎ | ㅏ | ㅑ | ㅓ | ㅕ | ㅗ | ㅛ | ㅜ | ㅠ | ㅡ | ㅣ |

답: ① 하나님과 ② 가까워지는

## 기도하기

하나님, 예수님을 통해 우리의 죄를 용서해 주셔서 감사해요. 이제부터는 죄를 떠나 하나님을 기쁘시게 하는 어린이로 살아갈 수 있도록 도와주세요. 예수님의 이름으로 기도합니다. 아멘.

아홉 번째 날

# 하나님의 어린 양, 예수님

## 말씀 읽기

요한복음 1장 29-34절

29 이튿날 요한이 예수께서 자기에게 나아오심을 보고 이르되 보라 세상 죄를 지고 가는 하나님의
어린 양이로다 30 내가 전에 말하기를 내 뒤에 오는 사람이 있는데 나보다 앞선 것은 그가 나보다 먼
저 계심이라 한 것이 이 사람을 가리킴이라 31 나도 그를 알지 못하였으나 내가 와서 물로 세례를 베
푸는 것은 그를 이스라엘에 나타내려 함이라 하니라 32 요한이 또 증언하여 이르되 내가 보매 성령
이 비둘기 같이 하늘로부터 내려와서 그의 위에 머물렀더라 33 나도 그를 알지 못하였으나 나를 보
내어 물로 세례를 베풀라 하신 그이가 나에게 말씀하시되 성령이 내려서 누구 위에든지 머무는 것을
보거든 그가 곧 성령으로 세례를 베푸는 이인 줄 알라 하셨기에 34 내가 보고 그가 하나님의 아들이
심을 증언하였노라 하니라

## 깊이 보기

세례 요한은 우리를 위해 오신 예수님에 대해 사람들에게 전하는 사명을 받았어요. 어느 날, 요한은 예수님이 자신에게 다가오시는 것을 보고 "보라 세상 죄를 지고 가는 하나님의 어린 양이로다"라고 외쳤어요. 그는 그분이 바로 우리를 구원하기 위해 오신 분임을 단번에 알았어요. 그리고 예수님이 세례를 받으실 때 하늘로부터 성령이 비둘기 같이 내려와 예수님 위에 머무르는 것을 보고 확신하게 되었지요.

어린 양이 죄를 지은 사람을 대신해 죽은 것처럼, 예수님은 세상 모든 사람의 죄를 지고 가는 하나님의 어린 양으로 오셨어요. 온 세상 사람들의 죄를 대신 지신 예수님이 십자가에서 죽으셨어요. 예수님의 십자가를 믿는 사람들은 죄를 완전히 용서받아요. 영원히 살아갈 생명을 얻게 되어요. 우리를 위해 십자가에서 어린 양이 되신 예수님을 믿고 죄를 회개하면, 하나님께서는 우리를 용서하시고, 영원한 하나님의 나라로 인도해 주세요.

## 돌아보기

❶ 하나님께서 죄인이 된 사람을 구원하기 위해 준비하신 특별한 계획은 무엇이었나요?

❷ 세례 요한은 하나님의 말씀을 믿고, 예수님에 대해 사람들에게 증언했어요. 예수님이 누구이신지 나의 말로 증언해 보아요. 친구에게 예수님을 소개한다면 뭐라고 말할까요?

## 담아보기

요한복음 1장 29절 말씀을 기억하며 빈칸을 채워 봅시다.

이튿날 요한이 ☐☐께서
자기에게 나아오심을 보고 이르되
보라 ☐☐ ☐를 지고 가는
하나님의 ☐☐ ☐이로다

## 기도하기

하나님, 저도 세례 요한처럼 예수님을 증언하고 싶어요. 예수님을 전할 수 있는 힘과 용기를 주세요. 예수님의 이름으로 기도합니다. 아멘.

열 번째 날

# 우리가 아직 죄인일 때

## 말씀 읽기

로마서 5장 7-11절

7 의인을 위하여 죽는 자가 쉽지 않고 선인을 위하여 용감히 죽는 자가 혹 있거니와 8 우리가 아직
죄인 되었을 때에 그리스도께서 우리를 위하여 죽으심으로 하나님께서 우리에 대한 자기의 사랑을
확증하셨느니라 9 그러면 이제 우리가 그의 피로 말미암아 의롭다 하심을 받았으니 더욱 그로 말미
암아 진노하심에서 구원을 받을 것이니 10 곧 우리가 원수 되었을 때에 그의 아들의 죽으심으로 말
미암아 하나님과 화목하게 되었은즉 화목하게 된 자로서는 더욱 그의 살아나심으로 말미암아 구원
을 받을 것이니라 11 그뿐 아니라 이제 우리로 화목하게 하신 우리 주 예수 그리스도로 말미암아 하
나님 안에서 또한 즐거워하느니라

## 깊이 보기

우리는 가끔 각종 사고에서 아이를 감싸안고 보호한 뒤, 목숨을 잃거나 크게 다친 부모님의 이야기를 뉴스로 듣곤 해요. 이렇게 부모님이 죽음을 각오하고 아이를 지키는 이유는 무엇일까요? 바로 아이를 향한 사랑 때문이에요.

예수님은 우리의 죄를 대신 지시고 십자가에서 죽으셨어요. 하나님의 어린 양이신 예수님의 죽음으로 우리의 죄는 깨끗하게 되었어요. 우리는 구원받아 하나님과 화목하게 되었어요. 그리고 하나님과 함께 영원한 하나님 나라에서 살아갈 수 있게 되었어요.

우리에게 어떤 자격이 있어서가 아니에요. 우리가 어떤 선한 일을 해서도 아니에요. 우리가 죄의 구렁텅이에서 뒹굴고 있을 때, 하나님께서는 우리를 구원하기 위한 계획을 세우셨어요. 그것은 바로 예수님을 이 땅에 보내시고, 우리를 위해 십자가를 지게 하시는 것이었어요. 오직 사랑 때문이었어요! 이 모든 일을 통해 하나님께서는 우리를 향한 사랑을 보여 주셨어요.

## 돌아보기

❶ 우리에게 아무런 자격이 없음에도 하나님께서 예수님을 보내신 이유는 무엇일까요?

❷ 우리는 예수님을 믿고 구원을 받아 영원한 생명을 얻었어요. 하나님 나라에 간다면 그곳에서 무엇을 하고 싶은가요?

## 담아보기

찬송가 96장 "예수님은 누구신가"는 예수님에 대한 고백을 담고 있어요. 찬송가를 찾아 가사를 천천히 읽어 보고, 마음에 와닿는 가사를 적어 보세요.

## 기도하기

하나님, 저를 끝까지 사랑해 주셔서 감사해요. 저도 예수님처럼 하나님의 사랑을 보여 주는 사람이 되고 싶어요. 하나님의 사랑을 전할 수 있도록 도와주세요. 예수님의 이름으로 기도합니다. 아멘.

사순절 둘째 주일

# 주일에 함께해요

가정 또는 교회에서 함께해요!

## 말씀 되짚기

1. 서기관과 바리새인이 예수님을 미워했던 이유는 무엇인가요?

2. 예수님이 지적하신 서기관과 바리새인의 잘못은 무엇인가요?

## 말씀 기억하기

예수님은 이 세상에서 모든 사람을 사랑하셨어요. 하지만 서기관과 바리새인을 향해서는 언제나 날선 비판을 하셨어요. 겉으로는 하나님을 잘 섬기는 척하면서 속으로는 하나님을 사랑하지 않았고, 겉으로는 이웃을 돕는 척하면서 속으로는 그들을 무시하고 사랑하지 않았기 때문이에요. 예수님은 우리의 행동과 마음 모두가 하나님의 말씀을 따르기를 원하세요.

## 말씀 나누기

1. 사람들이 오해하고 있는 나에 대한 이미지나 선입견이 있나요?

2. 하나님의 말씀 중에 진심으로 지키기 어려운 것이 있나요?

# 아하! 그렇구나

모든 사람을 사랑하시고 어떤 잘못도 용서해 주신 예수님이었지만 바리새인들의 잘못을 지적하시는 것에는 거침이 없으셨어요. 예수님이 바리새인들을 향해 하신 말씀과 그 의미를 살펴보고, 나의 모습도 함께 돌아보세요.

## 독사의 자식들

"독사의 자식들아 너희는 악하니 어떻게 선한 말을 할 수 있느냐 이는 마음에 가득한 것을 입으로 말함이라"(마태복음 12 : 34).

예수님이 귀신 들려 눈이 멀고 말을 못하는 사람을 고쳐 주셨어요. 그 모습을 지켜본 바리새인들은 예수님이 귀신을 쫓아낸 것이 성령의 능력이 아니라 귀신의 왕 바알세불의 힘으로 한 것이라고 말했어요. 그러자 예수님은 그들을 향해 "독사의 자식들"이라고 말씀하시며 크게 꾸짖으셨어요. '독사'는 사탄을 상징하는 뱀일 뿐만 아니라 그 안에 있는 독으로 사람을 해치는 존재예요. 예수님이 보실 때 바리새인은 독사처럼 사람들을 속이고, 위험하게 하는 사람들이었던 거예요.

## 외식하는 자

"화 있을진저 외식하는 서기관들과 바리새인들이여 너희는 천국 문을 사람들 앞에서 닫고 너희도 들어가지 않고 들어가려 하는 자도 들어가지 못하게 하는도다"(마태복음 23 : 13).

이 말씀에서 '외식'은 밖에서 하는 식사를 의미하는 것이 아니에요. 바깥 외(外), 꾸밀 식(飾). 즉 겉으로만 그럴듯하게 꾸민다는 뜻이지요. 바리새인들은 누구보다 하나님의 말씀을 잘 알고, 율법을 잘 지키며 살았지만 그 모습은 사람들 앞에 거룩하게 보이기 위해 꾸며낸 것일 뿐이었어요. 하나님의 말씀을 지키는 것을 자신을 꾸미는 악세사리 정도로 생각했던 거예요. 하지만 예수님은 진정으로 하나님을 사랑하지 않는 그들의 마음을 다 알고 계셨어요.

열한 번째 날

# 소금으로 빛으로

## 말씀 읽기

마태복음 5장 13-16절

13 너희는 세상의 소금이니 소금이 만일 그 맛을 잃으면 무엇으로 짜게 하리요 후에는 아무 쓸 데 없
어 다만 밖에 버려져 사람에게 밟힐 뿐이니라 14 너희는 세상의 빛이라 산 위에 있는 동네가 숨겨지
지 못할 것이요 15 사람이 등불을 켜서 말* 아래에 두지 아니하고 등경* 위에 두나니 이러므로 집 안
모든 사람에게 비치느니라 16 이같이 너희 빛이 사람 앞에 비치게 하여 그들로 너희 착한 행실을 보
고 하늘에 계신 너희 아버지께 영광을 돌리게 하라

***말** 곡식이나 가루 등을 분량을 재는 데 사용하는 그릇. 바가지.

***등경** 등불을 올려놓는 등잔대.

## 깊이 보기

소금은 자신을 녹여 음식에 맛을 내고, 음식이 썩지 않도록 만들어요. 그리고 빛은 캄캄한 어둠을 밝혀 사람들을 올바른 방향으로 나아가게 만들어요. 예수님은 제자들을 향해 "너희는 세상의 소금과 빛이다."라고 말씀하셨어요. 제자들이 죄로 물든 세상 속에 '하나님의 맛'을 내기를 원하셨던 거예요. 예수님은 또 제자들이 죄와 욕심을 따라서 잘못 살아가는 사람들을 하나님께서 원하시는 '올바른 방향'으로 이끌어가기를 원하셨어요.

우리는 세상의 소금과 빛인 예수님의 제자들이에요. 세상에 하나님의 맛을 내고, 올바른 길을 밝히는 역할을 해야 해요. 그것은 죄와 욕심을 따라 이기적으로 살아가는 모습이 아니에요. 소금처럼 다른 사람들을 위해 양보하고 배려하는 모습, 빛처럼 하나님의 말씀을 따르는 모습이에요. 이러한 우리의 모습을 통해 하나님께서 영광을 받으실 거예요.

## 돌아보기

❶ 다른 친구들이 더 많이, 더 먼저 가지기 위해 욕심을 부릴 때 세상의 소금인 우리는 어떻게 해야 할까요?

❷ 아무리 조그마한 빛이라 해도 어둠 속에서는 밝게 빛나요. 세상을 밝힐 수 있는 나의 작은 행동에는 어떤 것이 있을까요?

## 담아보기

세상 여러 곳에서 맛을 내고, 빛을 내기 위해 나는 어떻게 행동해야 할까요? 아래의 상자 속에 적어 보세요.

| 집에서 | 교회에서 |
| --- | --- |
| 학원에서 | 친구들 사이에서 |

## 기도하기

하나님, 저를 세상의 소금과 빛으로 불러 주셔서 감사해요. 세상 속에서 참된 소금과 빛의 역할을 할 수 있도록 저에게 믿음과 사랑의 마음을 부어 주세요. 예수님의 이름으로 기도합니다. 아멘.

열두 번째 날

# 아무리 예쁜 포장이라도

말씀 읽기

마태복음 5장 17-20절

17 내가 율법이나 선지자를 폐하러 온 줄로 생각하지 말라 폐하러 온 것이 아니요 완전하게 하려 함
이라 18 진실로 너희에게 이르노니 천지가 없어지기 전에는 율법의 일점 일획도 결코 없어지지 아니
하고 다 이루리라 19 그러므로 누구든지 이 계명 중의 지극히 작은 것 하나라도 버리고 또 그같이 사
람을 가르치는 자는 천국에서 지극히 작다 일컬음을 받을 것이요 누구든지 이를 행하며 가르치는 자
는 천국에서 크다 일컬음을 받으리라 20 내가 너희에게 이르노니 너희 의가 서기관과 바리새인보다
더 낫지 못하면 결코 천국에 들어가지 못하리라

깊이 보기

여러분이 예쁘게 포장되어 있는 상자를 선물로 받았다고 생각해 보세요. 기쁜 마음으로 상자를 열었는데 안이 텅 비어 있다면 어떨까요? 온갖 더러운 쓰레기로 가득 차 있다면요? 오늘 본문에 나오는 바리새인들과 서기관들은 바로 그런 선물 상자 같은 사람들이었어요. 그들은 사람들에게 하나님의 말씀을 가르치는 지도자들이었어요. 그래서 누구보다도 하나님의 말씀을 잘 알고 있었어요. 그러나 그들은 머리로만 하나님의 말씀을 알고 있었어요. 겉으로만 하나님의 말씀을 따르는 척할 뿐 정작 마음에는 하나님에 대한 믿음과 사랑이 없었어요. 그들의 마음은 욕심으로만 채워져 있었어요. 예수님은 그런 모습을 모두 알고 계셨어요.

예수님은 진짜 의로운 사람에 대해 말씀하셨어요. 의로운 사람은 그 마음이 하나님에 대한 믿음과 사랑으로 가득 찬 사람이에요. 그리고 진실한 마음으로 하나님의 말씀을 따르는 사람이에요. 그러한 사람만이 하나님을 말씀을 완전하게 지키는 사람이라고 할 수 있어요.

## 돌아보기

❶ 다른 사람에게 보여 주고 싶지 않은, 혹은 절대로 들키고 싶지 않은 나의 모습이 있나요?

❷ '나'를 하나님께 드리는 선물이라고 생각해 보세요! 하나님께서 나의 겉모습(포장)을 중요하게 보실까요? 속마음(선물)을 중요하게 보실까요?

## 담아보기

매 주일 진실한 마음으로 예배드리기 위해 내가 준비해야 할 일들을 적어 보세요.

## 기도하기

하나님, 저를 사랑해 주셔서 감사해요. 하나님께서 저를 사랑해 주신 것처럼 저도 하나님을 사랑하기를 원해요. 그 사랑의 마음으로 하나님의 말씀을 완전히 지키는 사람이 되고 싶어요. 예수님의 이름으로 기도합니다. 아멘.

열세 번째 날

# 예배 전에 해야 할 일

## 말씀 읽기

마태복음 5장 21-24절

21 옛 사람에게 말한 바 살인하지 말라 누구든지 살인하면 심판을 받게 되리라 하였다는 것을 너희
가 들었으나 22 나는 너희에게 이르노니 형제에게 노하는 자마다 심판을 받게 되고 형제를 대하여
라가*라 하는 자는 공회에 잡혀가게 되고 미련한 놈이라 하는 자는 지옥 불에 들어가게 되리라 23 그
러므로 예물을 제단에 드리려다가 거기서 네 형제에게 원망들을 만한 일이 있는 것이 생각나거든 24
예물을 제단 앞에 두고 먼저 가서 형제와 화목하고 그 후에 와서 예물을 드리라

* **라가** '텅 빈', '쓸모없는'과 같은 의미를 가진 아람어 욕이에요. (아람어는 예수님 당시에 사용되었던 언어로, 예수님도 아람어를 사용하셨어요.)

## 깊이 보기

사람을 죽이는 것보다 더 큰 죄가 있을까요? 다른 사람의 생명을 빼앗는 것은 어떤 것과도 비교할 수 없는 큰 죄예요. 그런데 예수님은 형제, 즉 다른 사람에게 화를 내고 욕하는 것도 살인과 같은 죄라고 말씀하셨어요. 말과 행동으로 상처를 주는 것 또한 살인처럼 그 사람의 영혼을 다치게 하고, 죽이기까지 하기 때문이에요.

예수님은 살인을 하지 않았을 뿐, 그 마음은 미움으로 가득 차 서로를 향해 분노하고 싸우는 사람들의 모습을 보셨어요. 이 미움은 언제든 그 사람의 몸도, 영혼도 죽일 수 있음을 아셨어요. 예수님은 하나님을 닮은 사랑은 전혀 없으면서 하나님께 예배를 드리게 나오는 사람들에게 분명히 알려주셨어요. 먼저 사과하고, 용서를 받고, 화해한 뒤에 하나님 앞에 나오라고 말이에요.

## 돌아보기

❶ 누군가에게 상처가 되는 말을 들은 적이 있나요? 그때 내 마음은 어땠나요? 또 내가 친구에게 상처를 준 적은 없는지 스스로 돌아보세요.

❷ 미움은 미워하는 사람과 미움을 받는 사람 모두를 고통스럽게 만들어요. 화해해야 할 사람이 있나요? 그 사람과 화해하기 위해서는 어떻게 해야 할까요?

## 담아보기

"아름다운 마음들이 모여서"라는 찬양의 가사예요. 찬양을 검색해서 빈칸에 들어갈 가사의 내용을 채워 보세요.

□□ □□ □□ □□ 버리고

우리 서로 □□해

정답) 미움, 다툼, 시기, 질투, 사랑

## 기도하기

하나님, 저에게 누군가를 미워하는 마음이 있었어요. 용서해 주세요. 가족과 친구들에게 미움이 아닌 사랑의 마음을 가질 수 있도록 제 마음을 붙잡아 주세요. 예수님의 이름으로 기도합니다. 아멘.

열네 번째 날

# 유혹을 단호히 내버리기

## 말씀 읽기

마태복음 5장 29-30절

29 만일 네 오른 눈이 너로 실족하게 하거든 빼어 내버리라 네 백체* 중 하나가 없어지고 온 몸이 지
옥에 던져지지 않는 것이 유익하며 30 또한 만일 네 오른손이 너로 실족하게 하거든 찍어 내버리라
네 백체 중 하나가 없어지고 온 몸이 지옥에 던져지지 않는 것이 유익하니라

* **백체** 百體. 몸의 온갖 곳, 여러 신체 부위를 의미해요.

## 깊이 보기

'조금만 더 게임을 해야지!', '조금만 더 영상을 봐야지!' 하며 유혹을 이기지 못했던 경험이 있나요? 우리는 세상의 많은 것으로부터 유혹을 받으며 살아가요. 그리고 그 유혹들은 모두 눈과 손에서 가장 먼저 시작돼요. 그렇게 시작된 유혹이 결국은 우리의 마음 전체를 빼앗게 되는 것이죠! 유혹에 마음을 빼앗긴 사람은 다른 중요한 것을 보지 못하게 돼요.

예수님은 제자들에게 하나님을 말씀을 따르지 못하도록 방해하고 유혹하는 것들을 모두 버리라고 말씀하셨어요. 진짜 눈과 손을 떼어 버리라고 하신 것이 아니에요. 눈과 손에 대한 '비유'로 말씀하고 계신 것이에요.

하나님의 말씀은 우리를 생명의 길로 이끌어요. 그러나 눈과 손에서 시작되는 잘못된 욕심은 우리를 죽음의 길로 이끌어요. 하나님의 말씀을 따르기 위해서는 우리를 방해하고 유혹하는 모든 것을 단호하게 버릴 수 있어야 해요.

## 돌아보기

❶ 지난 일주일 동안 내가 가장 많이 생각했던 일은 무엇인가요?

❷ 유혹에 빼앗긴 마음을 하나님께 돌리기 위해서는 우리의 눈과 손이 다시 하나님을 향해야 해요! 매일매일 하나님의 말씀을 붙잡고 읽기 위한 묵상의 시간을 정해 보세요.

## 담아보기

오른쪽의 쓰레기통 속에 내 마음을 빼앗고, 내가 하나님의 말씀을 따르는 것을 방해하는 모든 것을 적어 보세요!

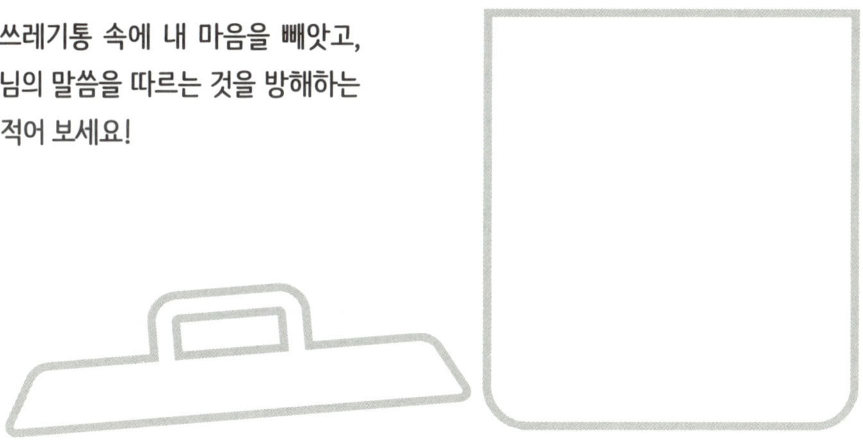

## 기도하기

하나님, 하나님의 말씀을 따르는 사람이 되기를 원해요. 하나님의 말씀을 따르는 데 방해되는 모든 것을 버릴 수 있도록 제 안에 믿음과 용기를 허락해 주세요. 예수님의 이름으로 기도합니다. 아멘.

열다섯 번째 날

# 악을 이기는 방법

## 말씀 읽기

마태복음 5장 38-42절

38 또 눈은 눈으로, 이는 이로 갚으라 하였다는 것을 너희가 들었으나 39 나는 너희에게 이르노니 악한
자를 대적하지 말라 누구든지 네 오른편 뺨을 치거든 왼편도 돌려 대며 40 또 너를 고발하여 속옷을 가
지고자 하는 자에게 겉옷까지도 가지게 하며 41 또 누구든지 너로 억지로 오 리를 가게 하거든 그 사람
과 십 리를 동행하고 42 네게 구하는 자에게 주며 네게 꾸고자 하는 자에게 거절하지 말라

## 깊이 보기

'눈에는 눈, 이에는 이'라는 말을 잘 알고 있을 거예요. 사람은 모두 누군가에게 받은 대로 돌려주려는 마음을 가지고 있어요. 하지만 문제가 있어요. 만약 누군가 나에게 욕을 한다면 나는 내가 들은 것보다 더 심한 욕을 하고 싶어져요. 폭력도 마찬가지예요. 내가 당한 것보다 훨씬 더 강한 폭력으로 되갚아 주고 싶어져요. 이렇게 서로 주고받다 보면 악의 힘은 점점 더 강해져서 양쪽 모두를 삼켜 버려요. 모두에게 상처뿐인 결과가 남을 뿐이에요.

오늘 말씀에서 예수님은 나에게 악한 것을 준 사람에게도 선한 것을 주라고 가르쳐 주셨어요. 로마서 말씀에도 "악에게 지지 말고 선으로 악을 이기라"(롬 12 : 21)라고 기록되어 있어요. 나에게 싸움을 걸었던 친구에게 먼저 화해를 요청하고, 나에게 잘못한 친구를 용서하고, 나를 미워하는 사람을 사랑하는 거예요. 악을 이길 수 있는 방법은 그것을 선으로 갚는 방법밖에 없어요. 예수님의 제자는 그렇게 선으로 악을 이기는 사람들이에요.

## 돌아보기

❶ '지는 것이 이기는 것'이라는 말을 들어본 적이 있나요? 그 말의 뜻은 무엇일까요?

❷ 나에게 잘못을 저지른 친구가 있나요? 그 친구에 대해 어떤 생각이 드나요? 선으로 악을 이기기 위해서, 그 친구를 축복하는 짧은 기도를 하나님께 드려 보세요.

## 담아보기

나에게 상처를 주거나 잘못한 사람들을 떠올려 보세요! 그리고 그 사람의 악을 선으로 갚기 위한 나만의 승리 쿠폰을 만들어 보세요!

| | | |
|---|---|---|
| 예) 김철수<br>: 나에게 욕을 했음 | | |
| 예) 이번 주에 철수에게 한 번 이상 칭찬하기 | | |
| | | |
| | | |

## 기도하기

하나님, 악을 이길 수 있는 방법을 가르쳐 주셔서 감사해요. 선으로 악을 이길 수 있도록 저에게 사랑과 감사의 마음을 부어 주세요. 예수님의 이름으로 기도합니다. 아멘.

열여섯 번째 날

# 참된 이웃 사랑

## 말씀 읽기

마태복음 5장 43-48절
43 또 네 이웃을 사랑하고 네 원수를 미워하라 하였다는 것을 너희가 들었으나 44 나는 너희에게 이
르노니 너희 원수를 사랑하며 너희를 박해하는 자를 위하여 기도하라 45 이같이 한즉 하늘에 계신
너희 아버지의 아들이 되리니 이는 하나님이 그 해를 악인과 선인에게 비추시며 비를 의로운 자와 불
의한 자에게 내려주심이라 46 너희가 너희를 사랑하는 자를 사랑하면 무슨 상이 있으리요 세리도
이같이 아니하느냐 47 또 너희가 너희 형제에게만 문안하면 남보다 더하는 것이 무엇이냐 이방인들
도 이같이 아니하느냐 48 그러므로 하늘에 계신 너희 아버지의 온전하심과 같이 너희도 온전하라

## 깊이 보기

하나님께서는 '원수를 갚지 말고 이웃을 네 몸과 같이 사랑하라'(레 19 : 18)고 말씀하셨어요. 이스라엘 백성은 그 말씀을 실천하기 위해서 노력했어요. 하지만 원수를 갚지 말라는 하나님의 말씀은 지키지 않았어요. 자신과 친한 사람들, 자신을 사랑해 주는 사람들만 '이웃'으로 여기며 사랑했어요. 자신을 괴롭히고, 피해를 주는 사람들은 원수처럼 여기며 미워했어요.

예수님은 그런 이웃 사랑은 누구나 다 하는 것이라며 그들을 꾸짖으셨어요. 그리고 참된 이웃 사랑에 대해 알려 주셨어요. 예수님이 말씀하시는 '이웃'에는 우리가 흔히 생각하듯 나와 사이좋게 지내며 서로 사랑을 주고받는 사람뿐만 아니라 나의 원수까지도 포함돼요. 도저히 사랑할 수 없는 사람까지도 사랑하는 것, 그것이 예수님이 말씀하신 이웃 사랑이지요. 예수님은 이 땅의 '모든' 사람을 위해 십자가에 달려 돌아가심으로써 참된 이웃 사랑을 우리에게 직접 보여 주셨어요.

## 돌아보기

❶ 내가 절대로 용서할 수 없는 상대방의 행동은 무엇인가요?

❷ 하나님께서는 모든 사람을 조건 없이 사랑하고 돌보아 주세요. 만약 하나님께서 우리가 행동한 대로 상과 벌을 내리셨다면 지금 우리는 어떤 모습으로 살아가고 있을까요?

## 담아보기

### 사랑의 원자탄, 손양원 목사님

손양원 목사님의 두 아들 손동인, 손동신은 1948년 여순 사건 때 목숨을 잃었어요. 두 아들을 죽인 범인은 '안재선'이라는 사람이었어요. 이후에 안재선은 체포되어 사형장으로 끌려갔어요. 그런데 손양원 목사님은 놀랍게도 안재선의 사형 집행을 막으며 이렇게 말씀하셨어요. "안재선은 내 두 아들을 죽인 원수입니다. 그러나 나는 그를 회개시켜 내 양아들로 삼겠습니다." 손양원 목사님은 두 아들을 죽인 원수 안재선을 용서하고 자신의 양아들로 삼았어요. 원수까지도 사랑하는 사랑. 그 참된 사랑의 모습은 예수님의 완전한 사랑의 모습과 닮아 있었어요.

## 기도하기

하나님, 죄인인 저를 사랑으로 품어 주셔서 감사해요. 예수님의 온전한 사랑을 닮은 모습으로, 저에게 잘못한 사람을 용서하며 살아가게 해 주세요. 예수님의 이름으로 기도합니다. 아멘.

사순절 셋째 주일

# 주일에 함께해요

가정 또는 교회에서 함께해요!

## 말씀 되짚기

1. 니고데모가 한 밤 중에 예수님을 찾아온 이유는 무엇인가요?

2. 우리는 어떻게 다시 태어날 수 있나요?

## 말씀 기억하기

누구보다 율법을 잘 알고, 열심히 지켰던 니고데모도 영원한 생명을 얻는 방법에 대해서는 알 수 없었어요. 하지만 예수님은 니고데모에게 분명하게 그 방법을 알려 주셨어요. 예수님의 십자가로 우리는 완전히 새로운 사람으로 다시 태어날 수 있어요. 하나님께서는 우리를 사랑하셔서 우리와 영원히 함께하시기 위해 예수님을 이 땅에 보내 주신 거예요!

## 말씀 나누기

1. 나의 모습 중에서 완전히 새로워지기를 원하는 부분이 있나요?

2. 요한복음 3장 16절 말씀을 아래에 쓰고 함께 큰 소리로 읽거나 암송해 보세요.

# 아하! 그렇구나

모든 사람을 사랑하시고 어떤 잘못도 용서해 주신 예수님이었지만 바리새인들의 잘못을 지적하시는 것에는 거침이 없으셨어요. 예수님이 바리새인들을 향해 하신 말씀과 그 의미를 살펴보고, 나의 모습도 함께 돌아보세요.

## 눈 먼 인도자들

"화 있을진저 눈 먼 인도자여 너희가 말하되 누구든지 성전으로 맹세하면 아무 일 없거니와 성전의 금으로 맹세하면 지킬지라 하는도다"(마태복음 23 : 16).

바리새인들은 율법에 대한 뛰어난 지식을 가지고 있었어요. 그래서 사람들을 가르치고 재판정에서 그들의 잘잘못을 가리기도 했지요. 바리새인들은 누구보다 정직하고 청렴하게 살아야 할 의무가 있었지만 그 마음에는 욕심과 거짓이 가득했어요. 육체의 눈은 뜨고 있지만 하나님의 진짜 뜻이 무엇인지 볼 수 없는 눈 먼 사람들이었던 거예요. 바리새인들은 사람들을 자기들과 같은 죄악의 길로 이끌어 가고 있었어요.

## 회칠한 무덤

"화 있을진저 외식하는 서기관들과 바리새인들이여 회칠한 무덤 같으니 겉으로는 아름답게 보이나 그 안에는 죽은 사람의 뼈와 모든 더러운 것이 가득하도다"(마태복음 23 : 27).

유대인들은 무덤을 부정한 것으로 여겼어요. 무덤을 밟거나 접촉하면 자신 또한 부정해진다고 생각했지요. 그래서 무덤의 위치를 정확하게 알 수 있도록 무덤의 겉을 석회로 칠해 눈에 띄게 했어요. 이것이 '회칠'이에요. 이렇게 회칠을 한 무덤은 겉으로는 깨끗해 보였지만 그 안은 온갖 더러운 것으로 가득했어요. 예수님이 보실 때 바리새인들은 죄로 가득한 더러운 마음을 거룩한 척하며 감추고 있는 회칠한 무덤과도 같았어요.

열일곱 번째 날

# 좋은 땅에 떨어진 씨앗

## 말씀 읽기

마태복음 13장 1-9절

1 그 날 예수께서 집에서 나가사 바닷가에 앉으시매 2 큰 무리가 그에게로 모여 들거늘 예수께서 배
에 올라가 앉으시고 온 무리는 해변에 서 있더니 3 예수께서 비유로 여러 가지를 그들에게 말씀하여
이르시되 씨를 뿌리는 자가 뿌리러 나가서 4 뿌릴새 더러는 길 가에 떨어지매 새들이 와서 먹어버렸
고 5 더러는 흙이 얕은 돌밭에 떨어지매 흙이 깊지 아니하므로 곧 싹이 나오나 6 해가 돋은 후에 타
서 뿌리가 없으므로 말랐고 7 더러는 가시떨기 위에 떨어지매 가시가 자라서 기운을 막았고 8 더러
는 좋은 땅에 떨어지매 어떤 것은 백 배, 어떤 것은 육십 배, 어떤 것은 삼십 배의 결실을 하였느니라
9 귀 있는 자는 들으라 하시니라

## 깊이 보기

농부들은 씨앗을 심기 전에 '밭갈이'라는 것을 해요. 아무리 좋은 씨앗이라도 그것을 심을 밭이 나쁘면 좋은 열매를 맺을 수 없어요. 그래서 쟁기와 경운기 등을 이용하여 밭을 갈아엎어 흙을 부드럽게 하고, 건강하게 만드는 거예요.

예수님은 하나님 나라의 말씀을 씨앗에 비유하셨어요. 그리고 그 말씀을 듣는 우리의 마음을 밭에 비유하셨어요. 말씀의 씨앗은 우리의 삶 속에서 열매로 나타나야 해요. 하지만 어떤 사람들은 아예 하나님의 말씀을 들으려 하지 않아요. 또 어떤 사람들은 하나님의 말씀을 자기 욕심을 위해 사용해요. 열심히 말씀을 따르다가 어려운 일을 만나면 포기하는 사람도 있어요. 하지만 하나님의 말씀을 잘 듣고 끝까지 지키는 사람은 하나님께서 기뻐하시는 열매를 맺지요.

여러분은 좋은 밭을 가지고 있나요? 말씀의 씨앗이 깊이 뿌리내리고 자라날 수 있도록 매일 우리의 마음을 돌아보아요. 하나님의 말씀을 가까이하고, 그 말씀에 순종하기 위해 최선을 다해요.

## 돌아보기

❶ 마태복음 13장 18-23절에는 이 비유에 대한 예수님의 설명이 기록되어 있어요. 찾아서 읽어 본 뒤 나의 마음과 가장 가까운 모습에 표시해 보세요.

| | | |
|---|---|---|
| 길 가 | 말씀을 아예 듣지 않거나 듣고도 깨닫지 못해요. | |
| 돌밭 | 어려운 일이 생기면 말씀을 잊어버려요. | |
| 가시떨기 | 말씀을 지키는 것보다 내 욕심이 더 중요해요. | |
| 좋은 땅 | 끝까지 말씀을 믿고 순종해요. | |

## 담아보기

하나님께서 기뻐하시는 열매는 무엇일까요? 잘 골라서 오른쪽 상자에 옮겨 써 보세요.

갈등 절제 사랑 희락 짜증 포기

인내 다툼 자비 시기 양선 미움

질투 충성 욕심 화평 온유

## 기도하기

하나님, 생명의 말씀을 저에게 주셔서 감사해요. 그 말씀이 제 삶에서 풍성하게 열매를 맺기를 원해요. 저의 마음을 새롭게 해 주세요. 예수님의 이름으로 기도합니다. 아멘.

열여덟 번째 날

# 점점 커져 가요

## 말씀 읽기

마태복음 13장 31-33절

31 또 비유를 들어 이르시되 천국은 마치 사람이 자기 밭에 갖다 심은 겨자씨 한 알 같으니 32 이는
모든 씨보다 작은 것이로되 자란 후에는 풀보다 커서 나무가 되매 공중의 새들이 와서 그 가지에 깃
들이느니라 33 또 비유로 말씀하시되 천국은 마치 여자가 가루 서 말 속에 갖다 넣어 전부 부풀게 한
누룩과 같으니라

## 깊이 보기

겨자씨는 아주 작은 씨앗이에요. 그래서 사람들의 눈에는 매우 보잘것없는 것처럼 보여요. 그런데 이러한 겨자씨가 땅에 심기면 싹을 틔우고, 나중에는 아주 커다란 나무로 자라게 돼요. 그리고 그 나무는 새들이 와서 쉴 수 있는 보금자리가 되지요. 또 누룩은 빵을 만들 때 사용하는 재료예요. 겨자씨처럼 누룩도 보잘것없어 보여요. 그러나 그것이 밀가루 반죽 속에 들어가면 그 반죽 전체가 부풀어 커지게 돼요. 그리고 많은 사람이 먹을 수 있는 음식이 된답니다.

예수님은 천국이 이 겨자씨와 누룩 같다고 말씀하셨어요. 예수님이 심으신 복음의 씨앗은 예수님의 제자들에게서 점점 뿌리를 내리고 싹을 틔웠어요. 또 예수님의 제자들을 통해 예수님을 믿게 된 많은 사람이 모여 교회가 되었지요. 그리고 오늘까지 하나님을 믿는 사람들의 공동체, 즉 천국은 점점 커지고 있어요. 우리는 겨자씨처럼, 누룩처럼 작아 보이지만 우리를 통해서도 천국은 자라날 수 있어요. 바로 하나님 나라의 복음, 예수님을 전하는 것을 통해서 말이에요!

## 돌아보기

❶ 예수님을 믿는 내가 작아 보이는 순간, 약해 보이는 순간, 부끄러운 순간은 언제인가요?

❷ 내가 하나님 나라(천국)에서 꼭 함께하고 싶은 사람은 누구인가요?

## 담아보기

여러분은 어떤 꿈을 가지고 있나요? 내가 그 꿈을 이룬다면 다른 사람들에게, 이 세상에 어떤 도움을 줄 수 있을까요?

## 기도하기

하나님, 하나님 나라가 겨자씨와 누룩처럼 성장해서 많은 사람을 풍성하게 만들기를 원해요. 그 일에 저를 사용해 주세요. 예수님의 이름으로 기도합니다. 아멘.

열아홉 번째 날

# 가장 귀중한 것

## 말씀 읽기

마태복음 13장 44-46절

44 천국은 마치 밭에 감추인 보화와 같으니 사람이 이를 발견한 후 숨겨 두고 기뻐하며 돌아가서 자
기의 소유를 다 팔아 그 밭을 사느니라 45 또 천국은 마치 좋은 진주를 구하는 장사와 같으니 46 극
히 값진 진주 하나를 발견하매 가서 자기의 소유를 다 팔아 그 진주를 사느니라

## 깊이 보기

갖고 싶은 물건을 사기 위해 용돈을 모아 본 경험이 있나요? 어떤 물건을 얻기 위해서는 거기에 맞는 대가를 치러야 해요. 그 물건의 가치가 높을수록 치러야 하는 대가도 크기 마련이지요.

예수님은 천국이 밭에 숨겨진 보물과 같다고 말씀하셨어요. 하나님께서는 우리를 위해 천국이라는 보물을 밭에 숨겨 놓으셨어요. 하나님의 말씀을 듣고, 그 보물을 발견한 사람은 자신의 모든 것을 팔아 밭을 구입할 거예요. 또 예수님은 천국이 가장 비싼 진주와 같다고도 말씀하셨어요. 그 진주의 가치를 아는 사람 역시 자기가 가진 모든 것을 팔아 진주를 구입할 거예요. 천국이 내가 가진 어떤 것보다, 세상 그 어떤 것보다 값진 것이기 때문이에요.

많은 돈, 높은 지위, 사람들의 존경…… 세상의 모든 것을 다 얻고도 천국에 들어갈 수 없다면 아무 소용이 없어요. 우리는 천국이 가장 귀한 것임을 깨달은 사람들이에요. 금세 사라질 가치 없는 것들에 우리의 마음을 빼앗기지 않고, 오직 하나님의 말씀을 따라 살아갈 수 있기를 소망해요.

## 돌아보기

❶ 내가 절대 포기하지 못하는 물건, 꿈, 가치에는 무엇이 있나요?

❷ 천국에서의 삶은 어떤 모습일까요? 세상 무엇보다도 귀한 천국에서의 삶을 상상해 보세요.

## 담아보기

나에게 가장 가치 있는 것은 무엇일까요? 아래의 활동을 통해 생각해 보세요.

① 적당한 크기의 종이(A4)를 세로로 한 번, 가로로 두 번 접고 잘라서 8개의 조각을 만드세요.
② 8개 조각 위에 나에게 중요한 물건 또는 꿈, 가치 등을 적어 보세요(예. 스마트폰, 반에서 1등 하는 것, 친구들에게 인기 얻기, 유명한 유튜버 되기 등).
③ 1위부터 8위까지 나에게 중요한 순서대로 나열해 보세요.
④ 내가 가장 귀하게 여기는 것이 무엇인지 점검해 보세요.

## 기도하기

하나님, 세상 그 무엇보다도 귀한 천국을 허락해 주셔서 감사해요. 우리를 천국으로 인도하시는 예수님만 따를 수 있는 믿음과 용기를 허락해 주세요. 예수님의 이름으로 기도드립니다. 아멘.

스무 번째 날

# 천국에서 가장 큰 사람

## 말씀 읽기

마태복음 18장 1-4절

1 그 때에 제자들이 예수께 나아와 이르되 천국에서는 누가 크니이까 2 예수께서 한 어린 아이를 불
러 그들 가운데 세우시고 3 이르시되 진실로 너희에게 이르노니 너희가 돌이켜 어린 아이들과 같이
되지 아니하면 결단코 천국에 들어가지 못하리라 4 그러므로 누구든지 이 어린 아이와 같이 자기를
낮추는 사람이 천국에서 큰 자니라

## 깊이 보기

예수님의 제자들은 서로 순위를 매기는 일로 자주 싸웠어요. 그들은 누가 더 나은 사람인지, 누가 더 높은 사람인지, 누가 더 예수님의 사랑을 받는지에 관심이 있었어요. 어느 날, 제자들은 예수님께 천국에서 큰 사람이 누구인지에 대해 여쭈어 보았어요. 제자들의 질문을 받으신 예수님은 어린 아이 하나를 불러 제자들 가운데 세우셨어요. 당시 어린 아이들은 어른들에게 아무런 관심도 받지 못한 채 무시받는 존재였어요. 때로는 물건처럼 취급되기도 했어요. 제자들은 예수님의 행동을 의문스럽게 바라보았어요. 예수님은 가운데 선 어린 아이를 가리키시며 이 어린 아이처럼 작은 사람이 천국에서 가장 큰 사람이라고 가르쳐 주셨어요.

세상은 힘이 강하면 강할수록, 돈이 많으면 많을수록 더 큰 사람으로 생각해요. 그리고 그것에 따라 순위를 정해요. 하지만 예수님은 자기를 낮추는 겸손한 사람이 천국에서 큰 사람이라고 말씀하셨어요. 천국은 자기를 낮추는 사람이 높아지고, 작은 사람이 큰 사람이 되는 신비로운 나라예요.

## 돌아보기

❶ 우리 반 또는 우리 학교에 회장이 있나요? 회장은 높은 사람일까요, 낮은 사람일까요?

❷ 혹시 내 곁의 친구를 무시한 적은 없나요? 친구들 앞에서 으스댄 적은 없나요? 겸손하지 못했던 나의 모습을 회개하는 기도를 드려 보세요.

## 담아보기

예수님은 말씀하셨어요. "너희 중에 큰 자는 너희를 섬기는 자가 되어야 하리라"(마 23 : 11). 가위바위보를 통해 우리 중 가장 큰 사람을 가려 보아요.

① 가족 또는 친구들과 함께 가위바위보를 해요.
② 모두를 이기고 남은 한 사람이 하루 동안 가족 또는 친구들을 섬기는 행동 한 가지를 실천해요(가방 들어 주기, 설거지하기, 쓰레기 정리하기 등).
③ 활동을 한 뒤에 깨달은 점은 무엇인가요?

## 기도하기

가장 높으신 하나님, 예수님을 통해 섬김의 본을 보여 주심에 감사해요. 예수님의 모습을 따라서 저도 다른 사람들을 겸손하게 섬길 수 있도록 도와주세요. 예수님의 이름으로 기도합니다. 아멘.

스물한 번째 날

# 일곱 번을 일흔 번까지라도

## 말씀 읽기

마태복음 18장 21-35절
21 그 때에 베드로가 나아와 이르되 주여 형제가 내게 죄를 범하면 몇 번이나 용서하여 주리이까 일
곱 번까지 하오리이까 22 예수께서 이르시되 네게 이르노니 일곱 번뿐 아니라 일곱 번을 일흔 번까
지라도 할지니라 (중략*) 35 너희가 각각 마음으로부터 형제를 용서하지 아니하면 나의 하늘 아버지
께서도 너희에게 이와 같이 하시리라

* 마태복음 18장 23-34절 말씀을 찾아서 읽어 보세요..

## 깊이 보기

예수님은 어떤 주인과 종의 비유로 용서에 대해 설명해 주셨어요. 이 종은 주인에게 만 달란트*라는 큰돈을 빚진 사람이었어요. 돈을 갚지 못한 종을 불쌍히 여긴 주인은 그 돈을 갚지 않아도 된다며 그 빚을 탕감*해 주었어요. 그런데 정작 이 종은 자신에게 백 데나리온*을 빌린 동료를 용서하지 못하고 감옥에 가두었어요 이 소식을 듣고 화가 난 주인은 종을 다시 불러 감옥에 가두었어요. 그리고 만 달란트를 다 갚기까지 감옥에 가두라고 명령했어요.

예수님은 이 비유를 통해서 제자들에게 다른 사람을 끝없이 용서해야 함을 가르쳐 주셨어요. 우리는 어떤 노력으로도 용서받을 수 없는 죄를 예수님의 십자가를 통해 값없이 용서받았어요. 마치 만 달란트를 탕감받은 종처럼 말이에요. 우리가 받은 이 놀라운 용서의 은혜를 기억하세요. 그리고 일곱 번을 일흔 번까지라도, 끝없이 용서하라는 예수님의 명령을 실천해 보세요. 하나님께서 주시는 참 자유가 내 마음에 찾아올 것이랍니다.

* **만 달란트** 약 6조 원
* **탕감** 빚이나 요금 등을 없애 주는 것
* **백 데나리온** 약 1천만 원

## 돌아보기

❶ 나에게 반복해서 잘못을 저지르는 사람이 있나요?

❷ 하나님과 나만이 알고 있는 나의 죄는 무엇인가요? 마음속으로 떠올려 보세요. 하나님께서는 그러한 나의 죄도 십자가의 은혜로 용서해 주셨어요!

## 담아보기

아래의 단어 중 5개 이상을 사용하여 나에게 잘못한 사람을 용서하기 위한 기도문을 만들어 보세요.

말씀, 은혜, 헌신, 사랑, 용서, 십자가, 섬김, 구원, 자비, 화해

## 기도하기

하나님, 저를 용서해 주신 무한한 은혜에 감사드려요. 하나님께서 저를 용서하신 것 같이 저도 다른 사람을 끝없이 용서하며 살기를 원해요. 저에게 용서와 사랑의 마음을 부어 주세요. 예수님의 이름으로 기도합니다. 아멘.

스물두 번째 날

# 모두에게 선물로 주신 천국

## 말씀 읽기

마태복음 20장 1-16절

1 천국은 마치 품꾼을 얻어 포도원에 들여보내려고 이른 아침에 나간 집 주인과 같으니 (중략*) 13 주
인이 그 중의 한 사람에게 대답하여 이르되 친구여 내가 네게 잘못한 것이 없노라 네가 나와 한 데나
리온의 약속을 하지 아니하였느냐 14 네 것이나 가지고 가라 나중 온 이 사람에게 너와 같이 주는 것
이 내 뜻이니라 15 내 것을 가지고 내 뜻대로 할 것이 아니냐 내가 선하므로 네가 악하게 보느냐
16 이와 같이 나중 된 자로서 먼저 되고 먼저 된 자로서 나중 되리라

* 마태복음 20장 2-12절을 찾아서 읽어 보세요.

## 깊이 보기

오늘 본문에서 예수님은 천국이 포도원 주인과 같다고 말씀하셨어요. 이 포도원 주인은 이른 아침에 장터에 나가서 포도원에서 일할 능력 있는 일꾼을 뽑아 일을 맡겼어요. 하지만 이 주인은 몇 시간 뒤에도, 정오에도, 늦은 오후에도 다시 나가서 또 일꾼을 뽑아왔어요. 거의 저녁이 가까운 시간에도 나가서 하루 종일 일자리를 찾지 못한 사람들을 데려와 일을 맡겼어요. 그리고 모든 일이 끝났을 때 포도원 주인은 약속한 대로 모든 사람에게 한 데나리온씩을 주었어요. 마지막으로 온 사람들은 고작 한 시간밖에 일하지 않았는데 말이에요! 하루 종일 일한 사람들이 불만을 터뜨렸지만 포도원 주인의 뜻은 바뀌지 않았어요.

세상은 능력에 따라, 결과에 따라 보상을 주어요. 하지만 하나님께서는 하나님의 초대에 응하는 모든 사람에게 똑같이 천국을 선물로 주신답니다. 이것이 바로 하나님을 먼저 믿었든, 나중에 믿었든, 우리의 능력이 뛰어나든, 모자라든 관계없이 하나님께서 우리에게 주시는 은혜랍니다.

## 돌아보기

❶ 말씀 속의 포도원 주인이 이렇게 포도원을 운영하는 이유는 무엇일까요?

❷ 하나님께서 우리에게 천국을 주셨어요. 우리가 천국을 얻은 것은 우리의 행동 때문일까요? 하나님께서 값없이 주신 은혜일까요?

## 담아보기

빈칸에 들어갈 단어를 오늘 말씀에서 찾아 적어 보세요.

"네 것이나 가지고 가라
□□ □□ □□에게
너와 같이 주는 것이 내 뜻이니라"
(마 20 : 14)

## 기도하기

하나님, 아무런 조건 없이 저에게 주신 하나님의 은혜에 감사드려요. 저도 하나님께서 주신 은혜를 아무런 조건 없이 다른 사람에게 나누는 하나님의 자녀가 되게 해 주세요. 예수님의 이름으로 기도합니다. 아멘.

사순절 넷째 주일

# 주일에 함께해요

가정 또는 교회에서 함께해요!

## 말씀 되짚기

1. 사람들은 왜 열여덟 해 동안 귀신 들려 꼬부라진 여자를 고쳐 주신 예수님을 비난했나요?

2. 자신을 지켜보는 사람들이 있는 것을 아시면서도 예수님이 그 여자를 고쳐 주신 이유는 무엇인가요?

## 말씀 기억하기

예수님은 안식일에 한 여자를 고치셨어요. 열여덟 해 동안이나 귀신 들려 온몸이 꼬부라진 채로 살아왔던 여자였어요. 사람들은 예수님이 병을 고치신 것이 안식일 계명을 어긴 것이라며 비난했어요. 하지만 예수님은 그 모든 계명을 지키는 것보다 이 여자를 구원하여 자유롭게 하는 것이 더 중요하다 말씀하셨어요. 예수님에게 가장 중요한 것은 바로 '한 생명'이었어요.

## 말씀 나누기

1. 예수님은 회당에서 말씀을 가르치시던 중에 이 여자를 가까이 불러서 고쳐 주셨어요. 이렇게 모든 사람의 시선이 집중되도록 하신 이유는 무엇이었을까요?

2. 안식일 계명을 어겼다는 이유로 예수님을 비난하는 사람들에게 해 주고 싶은 말이 있나요?

## 아하! 그렇구나

### 안식일은 어떤 날인가요?

안식일은 창세기 2장 2-3절에서 처음으로 등장해요. 하나님께서 엿새 동안 온 세상을 창조하신 후에 쉬셨던 날이 바로 안식일이에요. 하나님의 창조는 안식일에 이르러 비로소 완성되었어요. 또 하나님께서는 십계명에서 "안식일을 기억하여 거룩하게 지키라"고 명령하기도 하셨어요. 안식일은 우리가 하던 모든 일을 잠시 멈추고 온 세상을 창조하신 하나님을 기억하며 하나님 안에서 완전한 휴식을 누리는 날이지요.

### 유대인들은 안식일을 어떻게 지켰나요?

유대인들은 안식일을 보다 엄격하게 지키기 위해 안식일에 하지 않아야 할 일들을 정했어요. 탈무드에는 히브리어로 '멜라카'라고 부르는 39가지의 금지 사항들이 기록되어 있어요. 이것에 따르면 안식일에는 모든 노동은 물론이고 심지어 불을 피우거나 끄는 것, 글씨를 쓰거나 지우는 것까지 금지되었어요. 지금도 유대인들 중의 일부는 이런 안식일 규정을 지키고 있어요. 그들은 안식일에 일과 여행을 하지 않을 뿐만 아니라 안식일에 먹을 음식을 미리 준비하고, 전자기기를 사용하지 않고, 심지어 조명을 끄고 켜지도 않는다고 해요.

예수님은 안식일의 참된 의미를 잊어버리고, 점점 더 많은 규정을 만들어 사람들을 괴롭게 하는 유대인들의 모습을 지적하셨어요. "안식일이 사람을 위하여 있는 것이요 사람이 안식일을 위하여 있는 것이 아니니"(막 2 : 27)라는 예수님의 말씀에는 하나님 안에서 휴식과 평안을 누리는 안식일의 참된 의미가 담겨 있어요.

스물세 번째 날

# 깨끗하게 되었으니

## 말씀 읽기

마가복음 1장 40-45절

40 한 나병환자가 예수께 와서 꿇어 엎드려 간구하여 이르되 원하시면 저를 깨끗하게 하실 수 있
나이다 41 예수께서 불쌍히 여기사 손을 내밀어 그에게 대시며 이르시되 내가 원하노니 깨끗함을
받으라 하시니 42 곧 나병이 그 사람에게서 떠나가고 깨끗하여진지라 43 곧 보내시며 엄히 경고하
사 44 이르시되 삼가 아무에게 아무 말도 하지 말고 가서 네 몸을 제사장에게 보이고 네가 깨끗하
게 되었으니 모세가 명한 것을 드려 그들에게 입증하라 하셨더라 45 그러나 그 사람이 나가서 이
일을 많이 전파하여 널리 퍼지게 하니 그러므로 예수께서 다시는 드러나게 동네에 들어가지 못하
시고 오직 바깥 한적한 곳에 계셨으나 사방에서 사람들이 그에게로 나아오더라

## 깊이 보기

예수님 당시에 이스라엘 사람들은 나병에 걸린 사람은 부정하다*고 여겼어요. 그 병에 걸린 것은 그 사람이 큰 죄를 지었기 때문이라고 생각하기도 했지요. 그래서 나병에 걸린 사람은 가족과 마을을 멀리 떠나 살아야 했어요. 그리고 다른 사람이 자신의 곁에 오지 못하도록 '저는 부정한 사람이에요.'라고 외쳐야 했어요. 병이 깨끗하게 나았다는 것을 제사장에게 확인받기 전에는 사랑하는 사람들과 함께 살 수 없었어요. 온몸을 덮은 나병의 고통보다 사람들의 손가락질과 홀로 지내야 하는 외로움의 고통이 더욱 컸을 거예요.

예수님은 예수님을 찾아온 나병환자를 불쌍하게 여기셨어요. 몸의 아픔과 마음의 상처를 모두 아셨기 때문이에요. 예수님이 말씀하시자 나병환자의 몸과 마음은 모두 깨끗이 나았고, 그는 예수님을 전하는 사람으로 거듭났어요. 예수님은 우리를 치료하시는 놀라운 분이에요.

* **부정하다** 不淨하다. 깨끗하지 않다는 의미예요.

## 돌아보기

❶ 예수님은 어떻게 나병환자를 고쳐 주셨나요?

❷ 나병환자는 왜 예수님의 말씀을 어기고 사람들에게 소식을 전했을까요?

## 담아보기

나병에 대해서 좀 더 깊이 알아 보아요.

나병은 '나균'이라는 세균에 감염되어 생기는 병이에요. 최근에는 이 병원균을 발견한 사람의 이름을 따서 한센병이라는 이름으로 불려요. 나병에 걸리면 코나 뺨, 귀 등에 작은 혹 같은 것이 생기거나 손가락과 발가락이 떨어져 나가기도 해요. 또 나병이 생긴 곳의 감각이 사라지고, 시력을 잃게 되는 경우도 있어요.
유대인들은 나병이 죄에 대한 하나님의 벌이라고 생각했어요. 반대로 나병이 나은 것은 하나님께서 그 사람을 용서하셨다는 의미로 받아들였어요. 그래서 나병이 나은 사람은 제사장에게 가서 몸을 보여 준 뒤, 깨끗하게 되었다는 확인을 받아야 했답니다. 오늘 말씀에서 예수님이 고침을 받은 나병환자에게 제사장에게 가서 몸을 보여 주라고 말씀하신 것도 이러한 이유 때문이었지요.

## 기도하기

하나님, 나병환자의 몸과 마음을 고쳐 주신 예수님의 사랑을 기억합니다. 우리의 아픈 몸과 마음을 회복시켜 주세요. 예수님의 이름으로 기도합니다. 아멘.

스물네 번째 날

# 모두 앞에서 선물 받은 평안

## 말씀 읽기

마가복음 5장 25-34절

25 열두 해를 혈루증으로 앓아 온 한 여자가 있어 26 많은 의사에게 많은 괴로움을 받았고 가진 것도
다 허비하였으되 아무 효험이 없고 도리어 더 중하여졌던 차에 27 예수의 소문을 듣고 무리 가운데
끼어 뒤로 와서 그의 옷에 손을 대니 28 이는 내가 그의 옷에만 손을 대어도 구원을 받으리라 생각함
일러라 29 이에 그의 혈루 근원이 곧 마르매 병이 나은 줄을 몸에 깨달으니라 30 예수께서 그 능력
이 자기에게서 나간 줄을 곧 스스로 아시고 무리 가운데서 돌이켜 말씀하시되 누가 내 옷에 손을 대
었느냐 하시니 31 제자들이 여짜오되 무리가 에워싸 미는 것을 보시며 누가 내게 손을 대었느냐 물
으시나이까 하되 32 예수께서 이 일 행한 여자를 보려고 둘러 보시니 33 여자가 자기에게 이루어진
일을 알고 두려워하여 떨며 와서 그 앞에 엎드려 모든 사실을 여쭈니 34 예수께서 이르시되 딸아 네
믿음이 너를 구원하였으니 평안히 가라 네 병에서 놓여 건강할지어다

## 깊이 보기

열두 해 동안 혈루증을 앓고 있는 여자가 있었어요. 혈루증은 몸에서 이유를 알 수 없는 출혈이 계속되는 병이에요. 유대인들은 율법에 따라 출혈이 있는 사람을 부정하다고 여겼어요. 그 사람이 접촉하는 사람, 만진 물건, 머물렀던 장소까지도 부정하다고 생각했지요.

이런 이유 때문에 모든 병을 고치실 수 있는 예수님이 가까이 계심에도 불구하고 이 여자는 선뜻 다가갈 수 없었어요. 자신을 부정하게 여기는 사람들 사이를 지나 예수님 앞에 나아가는 것은 거의 불가능에 가까웠어요. 하지만 이 여자에게는 예수님의 옷에 손을 대기만 해도 자신의 병이 다 나을 것이라는 믿음이 있었어요. 그리고 그 믿음대로 되었지요. 예수님은 많은 사람들이 지켜보는 앞에서 이 여자의 믿음을 칭찬하시며 병에서 놓여 깨끗하게 되었음을 선포하셨어요. 열두 해 동안이나 이어졌던 마음과 몸의 상처가 씻은 듯이 회복되었어요!

## 돌아보기

❶ 열두 해는 얼마나 긴 시간인지 생각해 보고, 그 시간 동안 병을 앓았던 여자의 마음을 상상해 보세요.

❷ 예수님은 몰래 예수님의 옷을 만진 여자를 왜 찾으셨을까요? 많은 사람들 앞에서 병이 나았다고 말씀하신 이유는 무엇이었을까요?

## 담아보기

혈루증을 앓던 여자는 예수님의 옷만 만져도 나을 것이라는 믿음을 가지고 있었어요. 아래에서 '믿음'만 찾아 색칠해 보세요.

| 믿믐 | 믿음 | 믿음 | 밑음 | 믿음 | 믿음 | 믿믐 |
|---|---|---|---|---|---|---|
| 믿음 | 믿믐 | 믿움 | 믿음 | 믿옴 | 믿읍 | 믿음 |
| 믿음 | 믿옴 | 밑음 | 믿옴 | 밑음 | 믿믐 | 믿음 |
| 믿음 | 믿움 | 믿믐 | 믿읍 | 믿옴 | 믿읍 | 믿음 |
| 믿읍 | 믿음 | 믿옴 | 믿믐 | 밑음 | 믿음 | 밑음 |
| 믿옴 | 밑음 | 믿음 | 믿움 | 믿음 | 믿믐 | 믿움 |
| 믿읍 | 믿움 | 믿믐 | 믿음 | 믿옴 | 밑음 | 믿읍 |

## 기도하기

하나님, 예수님은 믿음으로 나온 여자의 몸과 마음을 고쳐 주셨어요. 누구보다 저를 귀히 여기시고 돌보시는 예수님을 가까이하며 믿음으로 살아가게 해 주세요. 예수님의 이름으로 기도합니다. 아멘.

스물다섯 번째 날

# 죽음을 이기신 예수님

## 말씀 읽기

마가복음 5장 35-43절

35 아직 예수께서 말씀하실 때에 회당장의 집에서 사람들이 와서 회당장에게 이르되 당신의 딸이
죽었나이다 어찌하여 선생을 더 괴롭게 하나이까 36 예수께서 그 하는 말을 곁에서 들으시고 회당
장에게 이르시되 두려워하지 말고 믿기만 하라 하시고 37 베드로와 야고보와 야고보의 형제 요한 외
에 아무도 따라옴을 허락하지 아니하시고 38 회당장의 집에 함께 가사 떠드는 것과 사람들이 울며
심히 통곡함을 보시고 39 들어가서 그들에게 이르시되 너희가 어찌하여 떠들며 우느냐 이 아이가 죽
은 것이 아니라 잔다 하시니 40 그들이 비웃더라 예수께서 그들을 다 내보내신 후에 아이의 부모와
또 자기와 함께 한 자들을 데리시고 아이 있는 곳에 들어가사 41 그 아이의 손을 잡고 이르시되 달리
다굼 하시니 번역하면 곧 내가 네게 말하노니 소녀야 일어나라 하심이라 42 소녀가 곧 일어나서 걸
으니 나이가 열두 살이라 사람들이 곧 크게 놀라고 놀라거늘 43 예수께서 이 일을 아무도 알지 못하
게 하라고 그들을 많이 경계하시고 이에 소녀에게 먹을 것을 주라 하시니라

## 깊이 보기

예수님은 가시는 곳마다 각종 병에 걸린 많은 사람을 고치셨어요. 회당장은 예수님이 자신의 딸도 고쳐 주실 거라고 믿고 예수님을 찾아왔지요. 그러나 그의 딸은 예수님이 집에 도착하시기 전에 죽고 말았어요. 사람들은 이제 예수님이 하실 수 있는 일이 없다고 생각했어요. 죽은 사람을 살릴 수 있는 사람은 아무도 없기 때문이에요.

하지만 예수님은 우리에게 생명을 주신 하나님의 아들이세요. 사람들은 아이가 죽은 것이 아니라 자고 있는 것이라는 예수님의 말씀을 비웃었지만 예수님은 회당장의 딸을 다시 살리시고 일으키셨어요. 예수님은 어떤 병도, 죽음조차도 이기시는 놀라운 분이세요. 우리가 할 일은 두려워하지 않고, 이 예수님을 믿는 것뿐이에요.

## 돌아보기

❶ 회당장의 집에 모여 있던 사람들이 “이 아이가 죽은 것이 아니라 잔다”는 예수님의 말씀을 비웃은 이유는 무엇일까요?

❷ 오늘 말씀에 나타난 예수님의 능력을 적어 보세요.

## 담아보기

예수님은 회당장의 딸의 손을 잡고 뭐라고 말씀하셨나요? 암호 해독표를 보고 암호를 풀어 보세요.

<암호> ◇→◆ ◆♣ ◇→ ○⊂★

<암호 해독표>

| ㄱ | ㄴ | ㄷ | ㄹ | ㅁ | ㅂ | ㅅ | ㅇ | ㅈ | ㅊ | ㅍ | ㅎ |
|---|---|---|---|---|---|---|---|---|---|---|---|
| ○ | ● | ◇ | ◆ | ★ | ■ | △ | ▲ | ▽ | ▼ | ♤ | ♠ |

| ㅏ | ㅑ | ㅓ | ㅕ | ㅗ | ㅛ | ㅜ | ㅠ | ㅡ | ㅣ |
|---|---|---|---|---|---|---|---|---|---|
| → | ↑ | ← | ↓ | ↔ | 〓 | ⊂ | ⊃ | ♧ | ♣ |

정답 : 달리다굼

## 기도하기

하나님, 하나님의 아들이신 예수님은 죽음조차도 다스리시는 분임을 믿어요. 매일 예수님을 더 깊이 알아갈 수 있게 해 주세요. 예수님의 이름으로 기도합니다. 아멘.

스물여섯 번째 날

# 에바다! 열려라!

## 말씀 읽기

마가복음 7장 31-37절

31 예수께서 다시 두로 지방에서 나와 시돈을 지나고 데가볼리 지방을 통과하여 갈릴리 호수에
이르시매 32 사람들이 귀 먹고 말 더듬는 자를 데리고 예수께 나아와 안수하여 주시기를 간구하
거늘 33 예수께서 그 사람을 따로 데리고 무리를 떠나사 손가락을 그의 양 귀에 넣고 침을 뱉어
그의 혀에 손을 대시며 34 하늘을 우러러 탄식하시며 그에게 이르시되 에바다 하시니 이는 열리
라는 뜻이라 35 그의 귀가 열리고 혀가 맺힌 것이 곧 풀려 말이 분명하여졌더라 36 예수께서 그
들에게 경고하사 아무에게도 이르지 말라 하시되 경고하실수록 그들이 더욱 널리 전파하니 37 사
람들이 심히 놀라 이르되 그가 모든 것을 잘하였도다 못 듣는 사람도 듣게 하고 말 못하는 사람도
말하게 한다 하니라

## 깊이 보기

잘 듣지도, 잘 말하지도 못하는 한 사람이 있었어요. 이 사람은 주위 사람들에게 이끌려 예수님 앞으로 나왔어요. 그들은 예수님이 안수하시고 고쳐 주시기를 간절히 구했지요. 서로 자유롭게 소통할 수 없다는 것은 매우 답답한 일이기 때문이에요.

예수님은 귀 먹고 말 더듬는 사람을 따로 데리고 가셔서 양 귀에 손가락을 넣으시고, 침을 뱉어 그의 혀에 손을 대셨어요. 그리고 탄식하시며 “에바다(열리라)”라고 외치셨어요. 예수님은 홀로 단절되어 살아온 이 사람의 답답함에 공감하셨어요. 그래서 말씀만으로도 고칠 수 있는 능력이 있으셨음에도 그에게 직접 손을 대어 안수하시며, 닫힌 귀와 굳은 혀가 활짝 열리라고 명령하셨던 거예요. 이제 이 사람은 활짝 열린 귀로 예수님의 말씀을 듣고, 입을 활짝 열어 예수님을 전하며 살아갈 거예요. 따스하게 자신을 만지시고, 함께 답답한 마음을 나누셨던 예수님의 사랑을 가슴에 가득 안고 말이에요.

## 돌아보기

❶ 사람들이 귀 먹고 말 더듬는 사람을 예수님께 데려온 이유는 무엇일까요?

❷ 예수님이 그 사람을 따로 데리고 가셔서 직접 손을 대시며 고쳐 주신 이유는 무엇일까요?

## 담아보기

아래의 표에서 예수님이 귀 먹고 말 더듬는 자에게 하신 말씀을 찾아보세요.(총 3개)

| 라 | 디 | 오 | 시 | 계 | 차 |
|---|---|---|---|---|---|
| 마 | 에 | 바 | 다 | 시 | 다 |
| 터 | 라 | 면 | 식 | 초 | 리 |
| 에 | 핸 | 드 | 폰 | 에 | 가 |
| 바 | 드 | 카 | 바 | 라 | 스 |
| 다 | 폰 | 다 | 보 | 면 | 서 |

정답 : 에바다

## 기도하기

하나님, 저의 귀를 열어 하나님 말씀에 귀 기울이게 하시고, 입을 열어 하나님께서 하신 놀라운 일들을 널리 전하게 해 주세요. 예수님의 이름으로 기도합니다. 아멘.

스물일곱 번째 날

# 누가 더 강할까

## 말씀 읽기

마가복음 9장 20-27절
20 이에 데리고 오니 귀신이 예수를 보고 곧 그 아이로 심히 경련을 일으키게 하는지라 그가 땅에 엎
드러져 구르며 거품을 흘리더라 21 예수께서 그 아버지에게 물으시되 언제부터 이렇게 되었느냐 하
시니 이르되 어릴 때부터니이다 22 귀신이 그를 죽이려고 불과 물에 자주 던졌나이다 그러나 무엇을
하실 수 있거든 우리를 불쌍히 여기사 도와 주옵소서 23 예수께서 이르시되 할 수 있거든이 무슨 말
이냐 믿는 자에게는 능히 하지 못할 일이 없느니라 하시니 24 곧 그 아이의 아버지가 소리를 질러 이
르되 내가 믿나이다 나의 믿음 없는 것을 도와 주소서 하더라 25 예수께서 무리가 달려와 모이는 것
을 보시고 그 더러운 귀신을 꾸짖어 이르시되 말 못하고 못 듣는 귀신아 내가 네게 명하노니 그 아이
에게서 나오고 다시 들어가지 말라 하시매 26 귀신이 소리 지르며 아이로 심히 경련을 일으키게 하
고 나가니 그 아이가 죽은 것 같이 되어 많은 사람이 말하기를 죽었다 하나 27 예수께서 그 손을 잡
아 일으키시니 이에 일어서니라

## 깊이 보기

예수님은 한 아픈 아이를 만나셨어요. 이 아이는 아주 어릴 때부터 귀신에게 괴롭힘을 당하고 있었어요. 아마 아이의 부모는 아이를 고치기 위해 할 수 있는 모든 일을 했을 거예요. 하지만 누구도 아이를 고칠 수가 없었어요. 도리어 상황이 더 심각해질 뿐이었지요. 시간이 갈수록 아이를 고칠 수 있을 거라는 믿음은 없어지고, 아이를 괴롭히는 귀신이 무서워졌어요.

하지만 아무리 강한 귀신이라도 예수님을 이길 수는 없어요! 예수님은 아직도 예수님을 완전히 믿지 못하는 아이의 아버지에게 믿는 자에게는 능히 하지 못할 일이 없다고 말씀하셨어요. 그리고 아이의 안에 들어가 있는 귀신을 꾸짖으시며 내쫓으셨어요. 그 후에 예수님은 다정하게 아이의 손을 잡아 일으켜 주셨어요. 이제 아이는 자유를 누리게 되었어요. 예수님은 우리가 두려워하는 모든 것을 물리치시고 평안을 주시는 분이에요.

## 돌아보기

❶ 사람들이 귀신을 두려워하는 이유는 무엇일까요?

❷ 예수님을 믿는 믿음이 필요한 순간이 있나요? 아이의 아버지가 예수님께 외쳤던 말을 따라 써 보며 도움을 구하는 기도를 드려 보세요. "내가 믿나이다 나의 믿음 없는 것을 도와 주소서".

## 담아보기

아래의 내용을 읽고 예수님이 아이를 고쳐 주신 일의 순서대로 번호를 나열해 보세요.

① 아이의 아버지가 외쳤어요. "내가 믿나이다 나의 믿음 없는 것을 도와 주소서".
② 예수님이 귀신 들린 아이와 만나셨어요.
③ 예수님이 귀신을 꾸짖으셨어요. "그 아이에게서 나와 다시 들어가지 말라".
④ 예수님이 아이의 손을 잡아 일으키시니 일어났어요.
⑤ 아이가 심히 경련을 일으키고 죽은 것 같이 되었어요.

<순서> ..............................

정답 : ② - ① - ③ - ⑤ - ④

## 기도하기

하나님, 사람들에게 두려움을 주는 존재를 물리치신 예수님의 모습을 보았어요. 우리 마음에 두려움을 주는 것들이 사라지고, 평안을 누리게 해 주세요. 예수님의 이름으로 기도합니다. 아멘.

스물여덟 번째 날

# 믿음의 눈을 뜨고

## 말씀 읽기

마가복음 10장 46-52절

46 그들이 여리고에 이르렀더니 예수께서 제자들과 허다한 무리와 함께 여리고에서 나가실 때에 디
매오의 아들인 맹인 거지 바디매오가 길 가에 앉았다가 47 나사렛 예수시란 말을 듣고 소리 질러 이
르되 다윗의 자손 예수여 나를 불쌍히 여기소서 하거늘 48 많은 사람이 꾸짖어 잠잠하라 하되 그가
더욱 크게 소리 질러 이르되 다윗의 자손이여 나를 불쌍히 여기소서 하는지라 49 예수께서 머물러
서서 그를 부르라 하시니 그들이 그 맹인을 부르며 이르되 안심하고 일어나라 그가 너를 부르신다 하
매 50 맹인이 겉옷을 내버리고 뛰어 일어나 예수께 나아오거늘 51 예수께서 말씀하여 이르시되 네
게 무엇을 하여 주기를 원하느냐 맹인이 이르되 선생님이여 보기를 원하나이다 52 예수께서 이르시
되 가라 네 믿음이 너를 구원하였느니라 하시니 그가 곧 보게 되어 예수를 길에서 따르니라

## 깊이 보기

바디매오는 앞을 볼 수 없는 맹인이었어요. 예수님 당시에 맹인은 어떤 일도 할 수 없었어요. 바디매오도 여리고에서 사람들에게 구걸을 하며 근근이 살아가고 있었지요. 그러던 어느 날, 바디매오는 예수님이 오셨다는 소식을 듣게 되었어요. 모든 병을 고치시고, 죽은 사람도 다시 살리시는 그분 말이에요!

예수님이 어디에 계신지 볼 수 없는 바디매오는 큰 소리로 예수님을 불렀어요. 그 소리가 얼마나 컸던지 많은 사람이 바디매오를 꾸짖고 핀잔을 주었어요. 자신들이 주는 돈으로 살아가는 거지 바디매오였기에 사람들 모두가 그를 무시했어요. 하지만 바디매오는 주눅 들지 않고, 더 크게 예수님을 불렀어요. 예수님이 자신을 만나 주시기를 간절히 원했기 때문이었어요. 예수님은 바디매오를 부르신 뒤, 그의 믿음을 칭찬하시며 고쳐 주셨어요. 바디매오는 앞을 보는 눈만 뜬 것이 아니라, 하나님의 아들이신 예수님을 알아보는 눈도 뜨게 되었어요. 이제 그는 예수님만 바라보며 예수님을 따르는 사람이 되었어요.

## 돌아보기

❶ 사람들의 꾸짖음에도 불구하고 바디매오가 큰 소리로 예수님을 부른 이유는 무엇일까요?

❷ 눈을 뜬 바디매오는 왜 다른 곳으로 가지 않고 예수님을 따랐을까요?

## 담아보기

앞을 볼 수 없는 바디매오가 미로를 찾아 예수님을 만날 수 있도록 도와주세요.

## 기도하기

하나님, 예수님만을 바라볼 수 있는 믿음의 눈을 열어 주세요. 예수님을 따랐던 바디매오처럼 예수님을 따르며 살게 해 주세요. 예수님의 이름으로 기도합니다. 아멘.

사순절 다섯째 주일

# 주일에 함께해요

가정 또는 교회에서 함께해요!

## 말씀 되짚기

1. 삭개오의 직업은 무엇이었나요? 삭개오가 사람들에게 죄인이라고 손가락질 받은 이유는 무엇인가요?

2. 삭개오가 예수님을 만난 뒤, 예수님 앞에서 했던 약속은 무엇인가요?

## 말씀 기억하기

세리장 삭개오는 높은 지위와 많은 재산을 가지고 있었지만 늘 허전하고 불안했어요. 예수님은 예수님을 보기 위해 돌무화과나무 위에 올라간 삭개오의 이름을 부르시고, 그의 집에서 함께 머무셨어요. 삭개오는 가장 중요한 것은 이 세상의 어떤 것도 아닌 바로 예수님과 함께하는 것임을 알게 되었어요. 예수님을 사랑하고, 예수님의 사랑을 전하는 하나님의 자녀가 되었어요.

## 말씀 나누기

1. 예수님을 만나기 전 삭개오의 모습에서 나와 닮은 부분이 있나요?

2. 예수님을 만나고 난 뒤 삭개오는 어떻게 살아갔을까요? 직업, 재산, 행동 등이 어떻게 변했을지 상상해 보세요.

## 아하! 그렇구나

예수님은 세상에서 말하는 똑똑한 사람, 의로운 사람, 부유한 사람, 힘 있는 사람을 부르지 않으셨어요. 예수님의 부르심에 응답한 모든 사람을 부르셨지요. 예수님의 제자들은 어떤 사람이었을까요?

### 어부였던 베드로, 안드레, 야고보, 요한

베드로와 안드레, 야고보와 요한은 각각 형제 관계였어요. 이들은 모두 갈릴리 호수에서 고기를 잡으면서 생활했어요. 그러나 나를 따라오라는 예수님의 말씀을 듣고 곧 예수님을 따랐어요. 좋은 학교를 다닌 적도, 이름난 선생님에게서 배운 적도 없었지만 이들이 가르친 하나님의 말씀은 모든 사람을 깜짝 놀라게 했어요(행 4 : 13).

### 세리였던 마태

홀로 세관에 앉아 있던 마태는 예수님이 부르시자 모든 것을 버리고 즉시 예수님을 따랐어요(눅 5 : 28). 예수님은 마태가 저지른 죄를 묻지 않으시고, 죄인을 불러 구원하기 위해 오셨다고 말씀하셨어요. 예수님의 제자가 된 마태는 지금 우리가 읽고 있는 '마태복음'을 기록했어요.

### 열심당원이었던 시몬

성경에서 시몬은 "셀롯이라는 시몬"(눅 6 : 15)이라고 소개돼요. 셀롯은 열심당에 소속된 사람을 말해요. 예수님 당시의 열심당원들은 로마의 지배 아래에 있던 이스라엘을 무력으로 독립시키기 위해 힘썼어요. 하지만 예수님은 강한 힘이 아닌 십자가의 사랑으로 하나님의 나라를 세우셨어요. 그리고 시몬은 이를 위해 열정적으로 헌신했어요.

스물아홉 번째 날

# 병든 자에게 필요한 분

## 말씀 읽기

마태복음 9장 9-13절

9 예수께서 그 곳을 떠나 지나가시다가 마태라 하는 사람이 세관에 앉아 있는 것을 보시고 이르시되
나를 따르라 하시니 일어나 따르니라 10 예수께서 마태의 집에서 앉아 음식을 잡수실 때에 많은 세
리와 죄인들이 와서 예수와 그의 제자들과 함께 앉았더니 11 바리새인들이 보고 그의 제자들에게 이
르되 어찌하여 너희 선생은 세리와 죄인들과 함께 잡수시느냐 12 예수께서 들으시고 이르시되 건강
한 자에게는 의사가 쓸 데 없고 병든 자에게라야 쓸 데 있느니라 13 너희는 가서 내가 긍휼을 원하고
제사를 원하지 아니하노라* 하신 뜻이 무엇인지 배우라 나는 의인을 부르러 온 것이 아니요 죄인을
부르러 왔노라 하시니라

* 호세아 6장 6절의 말씀이에요. 예수님은 겉으로는 하나님께 열심히 제사를 드리지만, 사실은 하나님을 사랑하지 않는 바리새인들의 속마음을 이미 알고 계셨던 거예요..

## 깊이 보기

예수님 당시에 이스라엘은 로마의 식민지였어요. 그래서 이스라엘 사람들은 로마에 세금을 내야 했지요. 세리는 세금을 거두어 로마에 납부하는 일을 했어요. 그리고 이 과정에서 정해진 세금보다 더 많은 돈을 거두어 자신이 가지기도 했어요. 이스라엘 사람들은 누구나 세리를 죄인이라고 여기며 손가락질하고 따돌렸어요.

하지만 예수님은 세리인 마태를 제자로 부르시고 함께 식사를 하셨어요. 율법을 중시하는 바리새인들은 죄인과 함께하시는 예수님을 이해할 수 없었어요. 그래서 예수님의 제자들을 찾아가 따졌어요. 하지만 예수님은 그들을 향해 의사는 건강한 사람이 아닌, 병든 사람에게 필요한 것이라고 말씀하셨어요. 바리새인들은 스스로 흠이 없는 건강한 사람이라고 여기며 예수님을 비난했지만 그들은 죄로 인해 깊이 병들어 있었어요. 이 세상에 예수님의 구원이 필요하지 않은 사람은 없어요. 죄로 인해 병들고 죽을 수밖에 없는 우리를 불러 구원하시기 위해 예수님이 오셨어요.

## 돌아보기

❶ 예수님이 부르셨을 때 마태가 곧바로 예수님을 따랐던 이유는 무엇이었을까요?

❷ 예수님이 보실 때, 부르심에 응답한 세리 마태와 겉으로만 하나님을 사랑하는 바리새인 중 누가 더 병든 사람이었을까요? 그렇게 생각하는 이유는 무엇인가요?

## 담아보기

가로, 세로 퀴즈를 풀어서 낱말 퍼즐을 맞추어 보세요.

<가로 퀴즈>
① 마태의 직업은 무엇이었나요?
② 예수님은 누구를 부르러 오셨나요?
③ 예수님은 긍휼을 원하고 무엇을 원하지 않는다 하셨나요?

<세로 퀴즈>
❶ 예수님의 제자들에게 질문했던 사람들은 누구였나요?
❷ 병든 자에게 필요한 사람은 누구인가요?
❸ 예수님과 따르는 사람을 무엇이라고 부르나요?

정답 : ① 세리 ② 죄인 ③ 제사 / ❶ 바리새인 ❷ 의사 ❸ 제자

## 기도하기

하나님, 저는 죄인입니다. 저에게 의사이신 예수님이 필요해요. 언제나 저의 마음을 돌아보고 예수님만 붙잡고 살아가게 해 주세요. 예수님의 이름으로 기도합니다. 아멘.

서른 번째 날

# 꾸짖지 않으시고

## 말씀 읽기

요한복음 8장 3-11절

3 서기관들과 바리새인들이 음행중에 잡힌 여자를 끌고 와서 가운데 세우고 4 예수께 말하되 선생
이여 이 여자가 간음*하다가 현장에서 잡혔나이다 5 모세는 율법에 이러한 여자를 돌로 치라 명하였
거니와 선생은 어떻게 말하겠나이까 6 그들이 이렇게 말함은 고발할 조건을 얻고자 하여 예수를 시
험함이러라 예수께서 몸을 굽히사 손가락으로 땅에 쓰시니 7 그들이 묻기를 마지 아니하는지라 이
에 일어나 이르시되 너희 중에 죄 없는 자가 먼저 돌로 치라 하시고 8 다시 몸을 굽혀 손가락으로 땅
에 쓰시니 9 그들이 이 말씀을 듣고 양심에 가책을 느껴 어른으로 시작하여 젊은이까지 하나씩 하나
씩 나가고 오직 예수와 그 가운데 섰는 여자만 남았더라 10 예수께서 일어나사 여자 외에 아무도 없
는 것을 보시고 이르시되 여자여 너를 고발하던 그들이 어디 있느냐 너를 정죄*한 자가 없느냐 11 대
답하되 주여 없나이다 예수께서 이르시되 나도 너를 정죄하지 아니하노니 가서 다시는 죄를 범하지
말라 하시니라

* **간음** 남편 또는 아내가 아닌 사람을 사랑하는 것.
* **정죄** 죄가 있다고 딱 잘라서 판단하는 것.

## 깊이 보기

예수님 앞에 끌려온 여자가 지은 죄는 율법에 따라 돌로 쳐서 죽여야 하는 것이었어요. 서기관들과 바리새인들은 이 여자를 어떻게 해야 할지 예수님께 물었어요. 만약 예수님이 율법과 다른 답을 하시면 그것을 빌미로 예수님을 곤란하게 만들 수 있으니까요. 하지만 예수님은 그들과 말싸움을 하지 않으시고 몸을 굽혀 손가락으로 땅에 글을 쓰셨어요. 생뚱맞은 예수님의 행동을 본 서기관들과 바리새인들은 예수님의 답을 재촉했어요. 예수님은 조용히 일어나셔서 "너희 가운데서 죄가 없는 사람이 먼저 이 여자에게 돌을 던져라."라고 말씀하셨어요. 그리고 또다시 조용히 땅에 글을 쓰셨지요. 그러는 동안 여자를 고발하던 사람들은 하나둘씩 모두 떠나고 예수님과 여자만 남았어요. 예수님은 여자를 꾸짖지 않으시고, 이제 다시는 죄를 짓지 말라고 말씀하시며 보내셨어요. 예수님은 우리의 죄를 따져서 벌을 주기 위해 오시지 않았어요. 예수님은 우리의 죄를 용서하시고 우리를 구원하여 하나님께로 인도하시기 위해 이 땅에 오셨어요.

## 돌아보기

❶ 죄가 없는 사람이 먼저 돌을 던지라는 예수님의 말씀을 듣고 사람들이 모두 그 자리를 떠난 이유는 무엇이었을까요?

❷ 예수님은 왜 여자의 죄에 대해 꾸짖지 않으셨을까요?

## 담아보기

로마서 8장 1-2절 말씀을 찾아 빈칸을 채워 보세요.

그러므로 이제 그리스도 □□ 안에 있는 자에게는
결코 □□□이 없나니 이는 □□□□ 예수 안에 있는
□□의 □□의 법이 □와 □□의 법에서
너를 □□하였음이라

정답 : 예수, 정죄함, 그리스도, 생명, 성령, 죄, 사망, 해방

## 기도하기

하나님, 저의 잘못을 꾸짖지 않으시고 사랑해 주심을 감사해요. 죄를 멀리하고 하나님의 말씀대로 살아가게 도와주세요. 예수님의 이름으로 기도합니다. 아멘.

서른한 번째 날

# 하나님 나라의 주인은

## 말씀 읽기

마가복음 10장 13-16절

13 사람들이 예수께서 만져 주심을 바라고 어린 아이들을 데리고 오매 제자들이 꾸짖거늘 14 예수께
서 보시고 노하시어 이르시되 어린 아이들이 내게 오는 것을 용납하고 금하지 말라 하나님의 나라가
이런 자의 것이니라 15 내가 진실로 너희에게 이르노니 누구든지 하나님의 나라를 어린 아이와 같이
받들지 않는 자는 결단코 그 곳에 들어가지 못하리라 하시고 16 그 어린 아이들을 안고 그들 위에 안
수하시고 축복하시니라

## 깊이 보기

예수님 당시에는 여자와 아이는 완전한 한 사람으로 인정받지 못했어요. 사람의 수를 셀 때 여자와 아이는 빼고 세었을 정도였지요. 예수님을 만나기 위해 모인 사람들 중에는 당연히 여자들과 아이들도 있었어요. 사람들은 예수님이 만져 주시고, 기도해 주시기를 바라며 아이들을 예수님 앞으로 데리고 왔어요. 그러지 않아도 북적이는 사람들 속에서 아이들까지 예수님의 곁으로 몰려들자 제자들은 그들을 꾸짖으며 쫓아내려 했어요.

그 모습을 보신 예수님은 크게 화를 내시며 아이들이 예수님께 오는 것을 막지 말라고 하셨어요. 그리고 하나님의 나라는 이런 어린 아이들의 것이라고 말씀하셨어요. 하나님의 나라는 힘이 세거나 똑똑하거나 부유한 사람의 것이 아니에요. 보호자의 말을 순수하게 따르는 어린 아이처럼 하나님께 순종하고, 보호자를 의지하는 어린 아이처럼 하나님만 의지하는 사람이 바로 하나님 나라의 주인이에요.

## 돌아보기

❶ 제자들은 예수님이 어린 아이들 대신 어떤 사람들과 가까이 지내시길 원했을까요?

❷ 예수님은 어린 아이들에게 어떤 말로 축복해 주셨을까요?

## 담아보기

"돈으로도 못 가요"라는 찬양을 찾아서 듣고, 후렴에서 빠진 가사를 채워 넣어 보세요.

□□□□ 가는 나라 하나님 나라
□□□□ 가는 나라 하나님 나라

정답 : 거듭나면, 믿음으로

## 기도하기

하나님, 저도 하나님 나라에 들어가고 싶어요. 언제나 하나님의 말씀에 순종하고, 하나님만 의지하며 살아갈 수 있도록 도와주세요. 예수님의 이름으로 기도합니다. 아멘.

서른두 번째 날

# 가장 사랑하는 것

## 말씀 읽기

마가복음 10장 17-22절
17 예수께서 길에 나가실새 한 사람이 달려와서 꿇어 앉아 묻자오되 선한 선생님이여 내가 무엇을
하여야 영생을 얻으리이까 18 예수께서 이르시되 네가 어찌하여 나를 선하다 일컫느냐 하나님 한 분
외에는 선한 이가 없느니라 19 네가 계명을 아나니 살인하지 말라, 간음하지 말라, 도둑질하지 말라,
거짓 증언 하지 말라, 속여 빼앗지 말라, 네 부모를 공경하라 하였느니라 20 그가 여짜오되 선생님이
여 이것은 내가 어려서부터 다 지켰나이다 21 예수께서 그를 보시고 사랑하사 이르시되 네게 아직도
한 가지 부족한 것이 있으니 가서 네게 있는 것을 다 팔아 가난한 자들에게 주라 그리하면 하늘에서
보화가 네게 있으리라 그리고 와서 나를 따르라 하시니 22 그 사람은 재물이 많은 고로 이 말씀으로
인하여 슬픈 기색을 띠고 근심하며 가니라

## 깊이 보기

한 사람이 예수님을 찾아왔어요. 예수님 앞에 무릎을 꿇고 어떻게 하면 영원한 생명을 얻을 수 있는지 물었어요. 예수님이 사람이 지켜야 할 율법의 여러 계명에 대해서 말씀하시자, 이 사람은 자랑스럽게 그 모든 계명을 어렸을 때부터 빠짐없이 지켰다고 대답했어요. 예수님은 그를 찬찬히 사랑스럽게 바라보시며 말씀하셨어요. 가진 모든 재산을 다 팔아서 가난한 사람들에게 주고, 예수님을 따르는 제자가 되라고 말이에요. 하지만 큰 부자였던 이 사람은 예수님의 말씀을 차마 따를 수가 없었어요. 그래서 슬픈 마음으로 다시 고민하며 돌아가고 말았지요.

예수님은 예수님을 따르면 하늘에서 하나님께서 주시는 보화가 있을 것이라고 약속하셨어요. 하지만 이 사람은 하나님 나라에서 받을 선물보다 이 세상의 재산이 더 소중했어요. 겉으로는 하나님을 사랑하는 것처럼 보였지만 속마음은 그렇지 않았던 거예요. 예수님은 우리가 그 무엇보다 하나님을 가장 사랑해야 함을 알려 주셨어요.

## 돌아보기

❶ 내가 가진 것 중에서 마지막까지 포기할 수 없는 한 가지는 무엇인가요? 그것은 하나님의 나라에 들어가는 것보다 더 귀한 것일까요?

❷ 예수님을 찾아왔던 '한 사람'은 그 이후로 어떻게 살았을까요?

## 담아보기

하나님께서 주신 십계명이에요. 순서대로 번호를 매겨 보세요. 출애굽기 20장 1-17절을 참고하세요.

| | |
|---|---|
| 도둑질하지 말라 | 살인하지 말라 |
| 하나님의 이름을 함부로 부르지 말라 | 네 부모를 공경하라 |
| 간음하지 말라 | 거짓 증거하지 말라 |
| 이웃의 것을 탐내지 말라 | 우상을 만들지 말라 |
| 하나님 외에 다른 신을 섬기지 말라 | 안식일을 기억하여 거룩하게 지켜라 |

정답 : (위에서부터 아래로) 8 - 6 - 3 - 5 - 7 - 9 - 10 - 2 - 1 - 4

## 기도하기

하나님, 저에게 그 무엇보다 하나님을 가장 사랑하는 마음을 주세요. 그리고 그 사랑의 마음으로 하나님의 말씀을 따라 살게 해 주세요. 예수님의 이름으로 기도합니다. 아멘.

서른세 번째 날

# 으뜸이 되려면?

## 말씀 읽기

마가복음 10장 35-45절
35 세베대의 아들 야고보와 요한이 주께 나아와 여짜오되 선생님이여 무엇이든지 우리가 구하는
바를 우리에게 하여 주시기를 원하옵나이다 36 이르시되 너희에게 무엇을 하여 주기를 원하느냐
37 여짜오되 주의 영광중에서 우리를 하나는 주의 우편에, 하나는 좌편에 앉게 하여 주옵소서 (중
략*) 41 열 제자가 듣고 야고보와 요한에 대하여 화를 내거늘 42 예수께서 불러다가 이르시되 이방
인의 집권자들이 그들을 임의로 주관하고 그 고관들이 그들에게 권세를 부리는 줄을 너희가 알거
니와 43 너희 중에는 그렇지 않을지니 너희 중에 누구든지 크고자 하는 자는 너희를 섬기는 자가
되고 44 너희 중에 누구든지 으뜸이 되고자 하는 자는 모든 사람의 종이 되어야 하리라 45 인자가
온 것은 섬김을 받으려 함이 아니라 도리어 섬기려 하고 자기 목숨을 많은 사람의 대속물로 주려 함
이니라

* 마가복음 10장 38-40절은 직접 찾아 읽어 보세요.

## 깊이 보기

예수님의 제자들은 예수님이 로마의 황제를 물리치고, 그 자리에 앉으실 거라고 생각했어요. 형제였던 야고보와 요한은 예수님이 왕이 되실 때 자신들도 높은 자리에 앉고 싶었어요. 사실 다른 제자들도 모두 같은 마음이었지요. 그래서 예수님의 오른팔과 왼팔이 되게 해 달라는 야고보와 요한의 말을 듣고 크게 화를 내었어요. 하지만 이 모든 것은 큰 오해에서 비롯된 것이었어요.

예수님은 좋은 자리, 큰 자리, 높은 자리를 차지하기 위해 이 땅에 오신 것이 아니에요. 하나님의 아들이신 예수님은 우리를 위해 이 땅에 오셨어요. 모두가 우러러보는 귀한 자리에 앉지 않으시고, 가장 낮고 천한 십자가에 달리셨어요. 그리고 지금은 가장 영광스러운 하나님의 오른쪽 자리에 앉아 계시지요. 으뜸이 되고 싶나요? 가장 빛나는 자리에 앉고 싶나요? 그렇다면 예수님처럼 다른 사람을 섬기고, 기꺼이 자신을 내어 주는 사람이 되어야만 해요.

## 돌아보기

❶ 가장 좋아하는 영웅 캐릭터는 무엇인가요? 그 영웅과 예수님의 차이점은 무엇인가요?

❷ 어떤 사람이 하나님 나라의 가장 높은 자리에 앉아 있을 것 같나요? 그렇게 생각한 이유는 무엇인가요?

## 담아보기

예수님은 우리에게도 말씀하세요. 오늘의 말씀을 참고해서 빈 곳을 채워 보세요.

너희 중에 누구든지 크고자 하는 자는

너희 중에 누구든지 으뜸이 되고자 하는 자는

## 기도하기

하나님, 우리를 위해 기꺼이 낮아지신 예수님을 기억합니다. 예수님이 보여 주신 섬김의 모습이 제 생활 속에서도 드러나게 해 주세요. 예수님의 이름으로 기도합니다. 아멘.

서른네 번째 날

# 참된 양식과 참된 음료

## 말씀 읽기

요한복음 6장 53-58절

53 예수께서 이르시되 내가 진실로 진실로 너희에게 이르노니 인자의 살을 먹지 아니하고 인자의 피
를 마시지 아니하면 너희 속에 생명이 없느니라 54 내 살을 먹고 내 피를 마시는 자는 영생을 가졌고
마지막 날에 내가 그를 다시 살리리니 55 내 살은 참된 양식이요 내 피는 참된 음료로다 56 내 살을
먹고 내 피를 마시는 자는 내 안에 거하고 나도 그의 안에 거하나니 57 살아 계신 아버지께서 나를
보내시매 내가 아버지로 말미암아 사는 것 같이 나를 먹는 그 사람도 나로 말미암아 살리라 58 이것
은 하늘에서 내려온 떡이니 조상들이 먹고도 죽은 그것과 같지 아니하여 이 떡을 먹는 자는 영원히
살리라

## 깊이 보기

우리의 몸이 살아서 움직이기 위해서는 영양분이 필요해요. 하지만 우리가 먹고 마시는 것도 반드시 찾아오는 죽음을 막을 수는 없어요. 하지만 오늘 말씀에서 예수님은 우리가 영원한 생명을 얻을 수 있는 방법에 대해 알려 주셨어요. 그것은 바로 예수님의 살을 먹고, 예수님의 피를 마시는 거예요. 예수님의 이 말씀을 실제로 살을 먹고 피를 마시는 것으로 오해하는 사람들이 있지만, 사실 그것은 아니에요. 이것은 예수님이 우리를 위해 십자가에서 살을 찢기시고, 피를 흘리셨다는 사실을 믿고 받아들이는 것을 의미해요. 그렇게 함으로써 우리가 예수님 안에서, 예수님이 우리 안에서 영원히 함께 살아갈 수 있게 되는 것이지요.

예수님이 주시는 생명은 우리가 이 세상에서 살아갈 수 있도록 할 뿐만 아니라 우리가 죽어서도 영원히 살아갈 수 있게 해요. 그러므로 우리는 매일 예수님을 더욱 사랑하며 예수님을 떠나지 않아야 하는 것이랍니다.

## 돌아보기

❶ "내가 먹는 것이 바로 나"라는 말이 있어요. 내가 먹는 것이 나를 만든다는 의미이지요. 내가 예수님의 살을 먹고, 예수님의 피를 마신다면 나의 어떤 부분이 변화되게 될까요?

❷ 내 안으로 들어오는 것(음식, 행동, 말, 환경 등) 중에서 나에게 좋지 않은 영향을 끼치고 있는 것은 무엇인가요?

## 담아보기

예수님의 어떤 모습이 내 안으로 들어오길 원하나요? 아래의 그릇 안에 써 보세요.

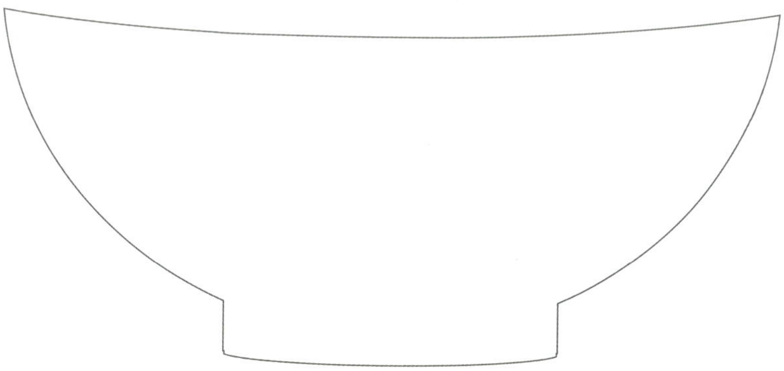

## 기도하기

하나님, 제가 예수님 안에, 예수님이 제 안에 있길 원해요. 매일 예수님과 동행하며 살아가게 해 주세요. 예수님의 이름으로 기도합니다. 아멘.

종려주일

# 주일에 함께해요

가정 또는 교회에서 함께해요!

## 말씀 되짚기

1. 대제사장이 지성소에 들어가기 전에 자신을 정결하게 했던 이유는 무엇인가요?

2. 예수님이 십자가에서 돌아가시는 순간, 성전에서는 어떤 일이 일어났나요? 그리고 그것은 우리에게 어떤 의미인가요?

## 말씀 기억하기

성전의 지성소는 그 누구도 함부로 들어갈 수 없었어요. 죄를 지은 인간은 거룩하신 하나님께 가까이 갈 수 없기 때문이에요. 하지만 예수님이 십자가에서 돌아가실 때 지성소를 가로막고 있던 성전의 휘장이 위로부터 아래로 찢어졌어요. 이제 누구든 하나님께 나아갈 수 있는 길이 열린 거예요. 예수님의 십자가로 우리는 영원히 하나님과 함께할 수 있게 되었어요.

## 말씀 나누기

예수님이 우리를 구원하셨지만 우리는 끊임없이 죄의 유혹과 싸우며 살아갈 수밖에 없어요. 그래서 초기 교회의 성도들은 예배 때마다 '키리에 엘레이손(라틴어, Kyrie eleison)'이라는 기도문으로 기도했답니다. 이것은 '예수님, 저를 불쌍히 여겨 주세요.'라는 뜻이에요. 하나님 앞에서 조용히 내 마음을 돌아보며 회개의 기도를 드린 뒤, 한 사람씩 돌아가며 이 기도문으로 기도해 보세요. "예수님, 저를 불쌍히 여겨 주세요."

# 아하! 그렇구나

## 지성소와 찢어진 휘장의 의미

지성소는 성전의 가장 깊은 곳에 있었어요. 지성소와 성소 사이는 휘장으로 가로막혀 있었지요. 그리고 지성소 안에는 하나님께서 그곳에 계심을 상징하는 언약궤가 있었어요. 이 언약궤 안에는 이스라엘 백성이 광야에서 먹었던 만나를 담은 금항아리와 아론의 싹난 지팡이, 십계명 돌판이 들어 있었답니다(히 9 : 4). 물론 이 언약궤는 바벨론이 이스라엘을 정복한 뒤에 성전이 파괴되면서 사라졌어요. 하지만 헤롯 왕이 다시 지은 성전에도 지성소는 엄격히 구분된 공간으로 존재하고 있었어요.

지성소에는 일 년에 한 번 대속죄일에 대제사장만이 들어갈 수 있었어요. 대제사장은 자신의 몸과 마음을 정결하게 한 뒤에 지성소에 들어가 이스라엘 백성의 죄를 대신해 속죄제를 드렸어요. 대제사장이 입는 옷의 가장자리에는 금 방울이 달려 있었는데 방울 소리는 지성소에 들어간 대제사장이 자신의 일을 수행하고 있음을 알려주는 역할을 했어요. 반대로 방울 소리가 들리지 않는 것은 하나님께 죽임을 당했다는 의미가 되었지요(출 28 : 33-35). 하나님 앞에 완전히 정결한 사람만 들어갈 수 있었던 곳, 그곳이 바로 지성소였어요.

예수님이 십자가에서 돌아가실 때 성소의 휘장이 위로부터 아래까지 찢어져 둘이 되었어요. 이 휘장은 하나님을 만나는 장소인 지성소를 가로막아 구분하는 것이었어요. 예수님을 통해 우리는 누구나 하나님께 가까이 나아가 직접 하나님을 만날 수 있게 되었어요.

서른다섯 번째 날

# 십자가를 향한 겸손의 길

## 말씀 읽기

요한복음 12장 12-15절

12 그 이튿날에는 명절에 온 큰 무리가 예수께서 예루살렘으로 오신다는 것을 듣고 13 종려나무 가지
를 가지고 맞으러 나가 외치되 호산나 찬송하리로다 주의 이름으로 오시는 이 곧 이스라엘의 왕이시
여 하더라 14 예수는 한 어린 나귀를 보고 타시니 15 이는 기록된 바 시온 딸아 두려워하지 말라 보라
너의 왕이 나귀 새끼를 타고 오신다 함과 같더라

## 깊이 보기

예수님은 어린 나귀를 타고 예루살렘 성으로 들어가셨어요. 사람들은 종려나무 가지를 흔들며 예수님을 환영했어요. 예수님을 하나님께서 보내신 구원자, 왕으로 환영했어요. "호산나! 우리를 구원하소서!" 큰 소리로 환영했어요. 사람들은 예수님이 이스라엘을 로마의 식민지에서 벗어나게 하고, 다윗 왕이 다스리던 때와 같은 강한 나라를 만들어 주실 것이라고 생각했어요. 그래서 열렬히 예수님을 환영했어요.

예수님은 구약 성경의 말씀대로 어린 나귀를 타셨어요. 어린 나귀는 예수님이 평화의 왕, 겸손의 왕으로 오셨음을 보여 주어요. 예수님은 끝이 없는 사랑의 마음으로, 자비의 마음으로 예루살렘 성으로 들어가셨어요. 그리고 가장 낮은 자리인 십자가를 향해서 가셨어요. 우리도 어린 나귀를 타고 오신 예수님처럼 평화의 어린이, 겸손의 어린이가 되기를 바라요.

## 돌아보기

❶ '호산나'는 히브리어에서 유래된 말로 '우리를 구원하소서!'라는 뜻이에요. 지금 나에게 예수님의 도움이 필요한 문제가 있나요?

❷ 예수님은 어린 나귀를 타시며 겸손을 보여 주셨어요. 나는 어떻게 하면 겸손하신 예수님을 닮아 갈 수 있을까요?

## 담아보기

오른쪽의 그림은 오렌테 페드로(Pedro de Orrente, 1580~1645)가 1620년에 그린 〈예루살렘 입성〉이라는 작품이에요. 사람들은 자신들의 옷을 벗어 예수님이 가시는 길 위에 깔았어요. 그들은 이것을 위대한 왕의 행진이라고 생각했지만 사실 예수님의 예루살렘 입성은 십자가를 향한 것이었어요. 그림 속에 나타난 예수님과 사람들은 각자 어떤 마음을 가지고 있었을지 생각해 보세요.

## 기도하기

하나님, 우리를 위해 섬김의 왕으로 오신 예수님을 환영해요. 예수님과 같은 평화의 어린이, 겸손의 어린이가 되도록 도와주세요. 예수님의 이름으로 기도합니다. 아멘.

서른여섯 번째 날

# 마음을 드려요

## 말씀 읽기

마태복음 26장 6-13절
6 예수께서 베다니 나병환자 시몬의 집에 계실 때에 7 한 여자가 매우 귀한 향유 한 옥합을 가지고
나아와서 식사하시는 예수의 머리에 부으니 8 제자들이 보고 분개하여 이르되 무슨 의도로 이것을
허비하느냐 9 이것을 비싼 값에 팔아 가난한 자들에게 줄 수 있었겠도다 하거늘 10 예수께서 아시고
그들에게 이르시되 너희가 어찌하여 이 여자를 괴롭게 하느냐 그가 내게 좋은 일을 하였느니라 11 가
난한 자들은 항상 너희와 함께 있거니와 나는 항상 함께 있지 아니하리라 12 이 여자가 내 몸에 이 향
유를 부은 것은 내 장례를 위하여 함이니라 13 내가 진실로 너희에게 이르노니 온 천하에 어디서든
지 이 복음이 전파되는 곳에서는 이 여자가 행한 일도 말하여 그를 기억하리라 하시니라

## 깊이 보기

예수님이 베다니에 있는 시몬의 집에서 식사를 하고 계셨어요. 그때 한 여자가 향유가 담긴 옥합을 가지고 예수님께 다가왔어요. 그리고 향유가 담긴 옥합을 깨뜨린 뒤, 예수님의 머리 위에 그 향유를 부었어요. 향유는 예수님의 온몸으로 흘러내렸어요. 예수님의 제자들은 그렇게 값비싼 향유를 팔아 가난한 사람들을 돕는 게 낫다며 화를 내었지만 예수님은 여자의 행동을 칭찬하셨어요. 이 여자가 십자가에서 돌아가실 예수님의 장례를 미리 준비한 것이라고 말씀하시면서요.

예수님은 이제 곧 십자가를 지실 거예요. 예수님의 십자가는 모든 사람을 위한 죽음이었어요. 사실 이 여자는 예수님의 십자가를 알지는 못했어요. 하지만 예수님을 만났을 때 자신의 모든 것을 드리며 감사와 사랑의 마음을 표현했고, 예수님은 여자의 마음을 기쁘게 받아 주셨어요. 그리고 예수님의 말씀대로 복음이 전해지는 곳마다 이 여자의 행동도 기억되고 있지요.

## 돌아보기

❶ 여인은 왜 예수님의 머리에 귀한 향유를 부었을까요?

❷ 나를 구원하신 예수님을 지금 만난다면 무엇을 드리고 싶은가요?

## 담아보기

아래의 글을 읽으며 오늘의 말씀을 더 깊이 알아보아요.

**Q. 여인이 부은 향유는 얼마나 귀한 것이었나요?**

향유는 나무에서 얻은 수액으로 만든 향기 나는 기름이에요. 이것은 대리석으로 만든 옥합에 담겨서 판매되었는데 사용할 때는 주둥이를 깨뜨려야 했어요. 향유 옥합은 300데나리온 정도에 판매되었는데 이것은 한 사람이 1년 동안 일해야만 벌 수 있는 돈이었어요.

**Q. 식사를 하시는 예수님의 '머리'에 향유를 부었다고요?**

예수님 당시 부유한 유대인들은 잔치가 있을 때는 왼팔에 몸을 기대고 비스듬히 누운 자세로 식사를 했어요. 시몬의 집에 손님으로 초대받아 가셨던 예수님도 이런 자세를 하고 계셨을 거예요. 여자가 예수님의 머리에 부은 향유는 자연스럽게 예수님의 몸으로 흘러내렸겠지요.

**Q. 향유가 예수님의 장례를 준비하는 것이라고요?**

유대인들은 장례를 치른 뒤에 시신에 향유를 바르는 전통이 있었어요. 그래서 예수님은 여자의 행동이 곧 십자가에서 돌아가실 예수님의 장례를 준비하는 의미라고 말씀하신 거예요.

## 기도하기

하나님, 오늘 말씀의 여자처럼 예수님께 사랑을 고백할래요. 하나님, 예수님, 성령님 온 맘 다해 사랑해요. 매일 매일 이 사랑을 고백하며 살아갈게요. 예수님의 이름으로 기도합니다. 아멘.

서른일곱 번째 날

# 끝까지 보여 주신 사랑

## 말씀 읽기

요한복음 13장 1절, 12-17절

1 유월절 전에 예수께서 자기가 세상을 떠나 아버지께로 돌아가실 때가 이른 줄 아시고 세상에 있는
자기 사람들을 사랑하시되 끝까지 사랑하시니라
12 그들의 발을 씻으신 후에 옷을 입으시고 다시 앉아 그들에게 이르시되 내가 너희에게 행한 것을
너희가 아느냐 13 너희가 나를 선생이라 또는 주라 하니 너희 말이 옳도다 내가 그러하다 14 내가 주
와 또는 선생이 되어 너희 발을 씻었으니 너희도 서로 발을 씻어 주는 것이 옳으니라 15 내가 너희에
게 행한 것 같이 너희도 행하게 하려 하여 본을 보였노라 16 내가 진실로 진실로 너희에게 이르노니
종이 주인보다 크지 못하고 보냄을 받은 자가 보낸 자보다 크지 못하나니 17 너희가 이것을 알고 행
하면 복이 있으리라

## 깊이 보기

유대인의 명절인 유월절이 다가오고 있었어요. 예수님은 제자들과 함께 있을 시간이 얼마 남지 않았음을 아셨어요. 곧 십자가에 달려 돌아가실 것을 아신 예수님은 제자들을 끝까지 사랑하셨어요. 그리고 그 사랑을 직접 보여 주셨어요.

제자들과 함께 유월절 식사를 마치신 예수님은 물을 떠 와서 제자들 앞에 앉으셨어요. 한 명 한 명 발을 씻어 주셨어요. 곧 예수님을 배신하고 팔아넘길 가룟 유다의 발까지 씻어 주셨어요. 예수님은 유다의 계획을 알고 계셨지만 다른 제자들과 똑같이 그의 발도 씻어 주셨어요. 당시에 발을 씻어 주는 것은 노예들이 하는 일이었어요. 하지만 가장 높으신 예수님이 가장 낮은 모습으로 모든 제자의 발을 씻어 주시며 사랑을 보여 주셨어요. 섬김의 본을 보여 주셨어요. 그리고 예수님을 따르는 우리 모두가 예수님처럼 낮아져서 겸손하게 섬기며 사랑하길 원하셨어요.

## 돌아보기

❶ 발을 씻기 위해 자신의 발 앞에 앉으신 예수님을 본 제자들의 마음은 어땠을까요?

❷ 예수님은 베드로가 예수님을 모른다고 할 것도, 제자들이 예수님을 버리고 도망칠 것도, 가룟 유다가 배신할 것도 아셨어요. 그럼에도 불구하고 제자들을 끝까지 사랑하신 이유는 무엇일까요?

## 담아보기

나는 어떻게 우리 가족을 섬길 수 있을까요? 가족 중 내가 섬길 사람의 이름을 쓰고 실천 방법도 생각해 보세요.

| 이름 : | 이름 : | 이름 : |
| --- | --- | --- |
| 섬길 수 있는 방법 | 섬길 수 있는 방법 | 섬길 수 있는 방법 |

## 기도하기

하나님, 저도 끝까지 사랑하며 섬기신 예수님을 닮고 싶어요. 가족과 친구들을 섬기며 사랑과 섬김을 실천할게요. 예수님의 이름으로 기도합니다. 아멘.

서른여덟 번째 날

# 예수님의 마지막 기도

## 말씀 읽기

요한복음 17장 20-23절
20 내가 비옵는 것은 이 사람들만 위함이 아니요 또 그들의 말로 말미암아 나를 믿는 사람들도 위함
이니 21 아버지여, 아버지께서 내 안에, 내가 아버지 안에 있는 것 같이 그들도 다 하나가 되어 우리
안에 있게 하사 세상으로 아버지께서 나를 보내신 것을 믿게 하옵소서 22 내게 주신 영광을 내가 그
들에게 주었사오니 이는 우리가 하나가 된 것 같이 그들도 하나가 되게 하려 함이니이다 23 곧 내가
그들 안에 있고 아버지께서 내 안에 계시어 그들로 온전함을 이루어 하나가 되게 하려 함은 아버지
께서 나를 보내신 것과 또 나를 사랑하심 같이 그들도 사랑하신 것을 세상으로 알게 하려 함이로소
이다

## 깊이 보기

예수님은 십자가를 지시기 전에 제자들과 마지막 식사를 하시고 그들의 발도 씻어 주셨어요. 모든 말씀을 마치신 뒤에는 아버지이신 하나님께 예수님이 이루셔야 할 일을 위해 기도하셨어요. 그리고 제자들을 위해, 또 제자들을 통해 앞으로 예수님을 믿게 될 우리를 위해서도 기도하셨어요. 예수님이 요한복음 17장에서 하신 이 기도는 '대제사장으로서 하시는 기도'라고 불리기도 해요. 이스라엘 백성을 대표해서 중보*하며 하나님께 속죄제를 드렸던 대제사장처럼 예수님은 하나님과 우리를 연결하며 중보하는 분으로 기도하셨기 때문이에요.

예수님은 하나님과 예수님이 하나이신 것처럼 우리도 하나가 되기를 바라셨어요. 우리는 죄로 인해 하나님과 분리될 수밖에 없었어요. 그러나 예수님의 십자가를 통해 하나님의 사랑을 알게 되었고, 하나님과 다시 하나가 되었어요. 그리고 이제 우리는 하나님의 사랑을 받은 자로서 서로를 깊이 사랑하고 섬기며 하나가 되어야 해요.

* **중보** 仲保. 가운데에서 양쪽을 도와 일이 이루어지도록 한다는 뜻이에요.

## 돌아보기

❶ 우리가 서로 하나가 된다는 것은 어떤 뜻일까요?

❷ 하나님 안에서 하나가 되어야 할 친구, 가족이 있나요? 예수님의 십자가에서 나타난 하나님의 사랑을 알려 주어야 할 사람이 누구인지 생각해 보세요.

## 담아보기

예수님은 마지막까지 '이것'을 하셨어요. 무엇일까요? 아래의 표에서 하트만 골라서 색칠해 보세요.

| ♠ | ♠ | ◆ | ★ | ◆ | ♠ | ★ | ♣ | ◆ | ♠ | ★ | ♣ | ★ |
|---|---|---|---|---|---|---|---|---|---|---|---|---|
| ♣ | ♥ | ♥ | ♥ | ♠ | ♥ | ♠ | ♥ | ♥ | ♥ | ♥ | ♥ | ♠ |
| ◆ | ♣ | ◆ | ♥ | ★ | ♥ | ◆ | ♥ | ◆ | ♣ | ★ | ♠ | ◆ |
| ♠ | ★ | ★ | ♥ | ♣ | ♥ | ♣ | ♥ | ♥ | ♥ | ♥ | ♥ | ♠ |
| ★ | ♠ | ♥ | ♣ | ♠ | ♥ | ★ | ★ | ♠ | ♥ | ★ | ♣ | ♣ |
| ♣ | ♥ | ◆ | ♣ | ◆ | ♥ | ♠ | ♥ | ♥ | ♥ | ♥ | ♥ | ★ |
| ♠ | ★ | ★ | ♠ | ◆ | ♣ | ◆ | ♠ | ♣ | ★ | ♠ | ★ | ♠ |

## 기도하기

하나님, 예수님의 십자가를 통해 하나님과 하나 되게 해 주셔서 감사해요. 언제나 하나님 안에 거하고, 그 사랑을 전하며 살아갈 수 있도록 도와주세요. 예수님의 이름으로 기도합니다. 아멘.

성금요일

# 예수님이 열어 주신 길

말씀 읽기

누가복음 23장 39-46절
39 달린 행악자 중 하나는 비방하여 이르되 네가 그리스도가 아니냐 너와 우리를 구원하라 하되
40 하나는 그 사람을 꾸짖어 이르되 네가 동일한 정죄를 받고서도 하나님을 두려워하지 아니하느
냐 41 우리는 우리가 행한 일에 상당한 보응을 받는 것이니 이에 당연하거니와 이 사람이 행한 것
은 옳지 않은 것이 없느니라 하고 42 이르되 예수여 당신의 나라에 임하실 때에 나를 기억하소서
하니 43 예수께서 이르시되 내가 진실로 네게 이르노니 오늘 네가 나와 함께 낙원에 있으리라 하
시니라 44 때가 제육시쯤 되어 해가 빛을 잃고 온 땅에 어둠이 임하여 제구시까지 계속하며 45 성
소의 휘장이 한가운데가 찢어지더라 46 예수께서 큰 소리로 불러 이르시되 아버지 내 영혼을 아
버지 손에 부탁하나이다 하고 이 말씀을 하신 후 숨지시니라

깊이 보기

예수님과 함께 십자가에 달린 두 행악자(강도)가 있었어요. 두 사람 중 하나는 예수님이 자신도 구원하지 못한다며 비웃었어요. 하지만 다른 한 사람은 그 사람을 꾸짖으며 자신이 저지른 죄를 뉘우쳤어요. 그리고 예수님께 하나님 나라에 들어가실 때 자신을 기억해 달라고 말했지요. 예수님은 그에게 오늘 예수님과 함께 하나님 나라에 있을 것이라고 약속해 주셨어요. 그리고 예수님이 돌아가시는 순간, 성전의 지성소를 가로막고 있던 휘장이 찢어졌어요. 이것은 하나님과 사람 사이를 가로막고 있는 벽이 사라졌다는 의미였어요. 이제 누구든 두려움 없이 하나님께 가까이 갈 수 되었음을 보여 주신 거예요.

우리는 결코 하나님과 함께할 수 없는 죄인이었어요. 하지만 예수님이 우리의 죄를 지고 십자가에서 돌아가심으로써 하나님과 영원히 함께할 수 있게 되었어요. 한 강도와 같이 내가 죄인임을 고백하고, 예수님이 나를 구원하신 분임을 믿는 사람에게는 하나님께로 나아가는 길이 활짝 열려 있어요!

## 돌아보기

❶ 자신의 죄를 뉘우치고 예수님을 의지했던 한 강도처럼 나의 죄를 하나님 앞에 고백해 보세요.

❷ 오늘은 예수님이 십자가에서 돌아가신 것을 기념하는 성금요일이에요. 눈을 감고 나를 구원하시기 위해서 십자가에서 죽으신 예수님께 기도드려요.

## 담아보기

예수님이 십자가 위에서 하신 말씀, '가상칠언(袈上七言)' (1)

**一言. "아버지 저들을 사하여 주옵소서 자기들이 하는 것을 알지 못함이니이다"(눅 23 : 34).**
예수님은 자신을 욕하고 십자가에 못 박은 사람들을 용서해 달라고 기도하셨어요.

**二言. "내가 진실로 네게 이르노니 오늘 네가 나와 함께 낙원에 있으리라"(눅 23 : 43).**
예수님은 함께 십자가에 달린 강도에게 하나님의 나라를 약속해 주셨어요.

**三言. "여자여 보소서 아들이니이다", "보라 네 어머니라"(요 19 : 26-27).**
예수님은 어머니 마리아를 걱정하며 제자 요한에게 부탁하셨어요.

**四言. "나의 하나님, 나의 하나님, 어찌하여 나를 버리셨나이까"(마 27 : 46).**
예수님은 큰 고통의 순간에도 하나님을 생각하셨어요. 하나님과의 관계가 예수님에게 가장 중요했기 때문이에요.

## 기도하기

하나님, 저를 위해 예수님을 이 땅에 보내 주셔서 감사해요. 저는 예수님의 십자가로 구원받았어요. 예수님의 십자가 사랑을 기억할게요. 예수님의 이름으로 기도합니다. 아멘.

마흔 번째 날

# 무엇도 막을 수 없어요

## 말씀 읽기

마태복음 27장 62-66절

62 그 이튿날은 준비일 다음 날이라 대제사장들과 바리새인들이 함께 빌라도에게 모여 이르되
63 주여 저 속이던 자가 살아 있을 때에 말하되 내가 사흘 후에 다시 살아나리라 한 것을 우리가
기억하노니 64 그러므로 명령하여 그 무덤을 사흘까지 굳게 지키게 하소서 그의 제자들이 와서
시체를 도둑질하여 가고 백성에게 말하되 그가 죽은 자 가운데서 살아났다 하면 후의 속임이 전
보다 더 클까 하나이다 하니 65 빌라도가 이르되 너희에게 경비병이 있으니 가서 힘대로 굳게 지
키라 하거늘 66 그들이 경비병과 함께 가서 돌을 인봉하고 무덤을 굳게 지키니라

## 깊이 보기

예수님이 십자가에서 돌아가셨어요. 아리마대 사람 요셉이 예수님의 시체를 세마포라는 천으로 싸서 바위 속에 판 무덤에 넣고 큰 돌을 굴려 무덤 문을 닫았어요. 예수님은 살아계실 때 제자들에게 사흘 뒤에 부활하실 것을 미리 알려 주셨어요. 예수님을 미워하던 사람들은 예수님이 돌아가신 이후에도 예수님을 따르는 사람들이 있을까봐 두려워했어요. 그들은 제자들이 예수님의 시체를 훔쳐 간 뒤 부활하셨다고 거짓말을 할 거라고 생각했어요. 어쩌면 예수님이 진짜로 부활하실지도 모른다고 생각했을지도 몰라요. 그래서 무덤 앞에 경비병을 세우고 무덤 문이 열리지 않게 밧줄을 맨 뒤 밧줄이 풀리지 않게 초나 흙을 묻혀 단단하게 만들었어요. 이것이 '인봉'이에요.

하지만 예수님의 부활은 그 무엇도 막을 수 없었어요. 무덤을 막은 돌도, 인봉도, 경비병들도, 심지어 죽음조차도요. 예수님은 부활하셔서 구원을 완성하셨어요. 우리를 용서하시고, 부활의 생명을 주셨어요. 예수님의 십자가 죽음은 끝이 아니라 생명의 시작이었어요.

## 돌아보기

❶ 예수님의 부활을 두려워한 대제사장과 바리새인들이 한 일은 무엇이었나요?

❷ 예수님의 부활을 기뻐하며 '부활'로 이행시를 지어 보아요.

부 :

활 :

## 담아보기

예수님이 십자가 위에서 하신 말씀, '가상칠언(架上七言)' (2)

**五言. "내가 목마르다"(요 19:28).**
사람으로 이 땅에 오신 예수님은 우리와 똑같은 아픔과 고통을 겪으셨어요. 그래서 우리의 힘듦과 아픔을 깊이 이해할 수 있으시지요.

**六言. "다 이루었다"(요 19 : 30).**
예수님은 우리를 구원하기 위해 십자가에서 죽으셨어요. 그리고 그 일을 마침내 다 이루셨어요.

**七言. "아버지 내 영혼을 아버지 손에 부탁하나이다"(눅 23 : 46).**
예수님은 죽음의 순간에 오직 하나님을 믿고, 하나님께 모든 것을 맡기셨어요. 그리고 예수님의 십자가를 통해 하나님께서 놀라운 일을 이루셨어요.

## 기도하기

하나님, 사순절 동안 하나님의 우리를 향한 하나님의 사랑을 깨닫게 해 주셔서 감사해요. 우리를 위해 죽으시고 우리를 위해 다시 사신 예수님을 기억하며 구원받은 하나님의 자녀답게 살아가게 해 주세요. 예수님의 이름으로 기도합니다. 아멘.

# 주일에 함께해요

가정 또는 교회에서 함께해요!

## 말씀 되짚기

1. '부활'의 뜻은 무엇인가요?

2. 예수님이 부활하심으로써 우리는 무엇을 얻게 되었나요?

## 말씀 기억하기

예수님이 십자가에서 돌아가셨을 때 사람들은 모든 것이 끝났다고 생각했어요. 이 세상에서 죽음을 이길 수 있는 사람은 아무도 없다고 여겼기 때문이에요. 그러나 죽음의 권세를 이기시고 예수님이 부활하셨어요! 그 어떤 것도 예수님을 이길 수 없어요. 그리고 세상의 그 무엇도 예수님 안에서 나타난 하나님의 사랑에서 우리를 끊을 수 없답니다.

## 말씀 나누기

1. 내가 가장 두려워하는 것은 무엇인가요? 그것이 무엇이든 예수님을 이길 수 없어요.

2. 우리를 위한 예수님의 십자가와 부활의 소식을 꼭 전해 주고 싶은 사람이 있나요?

아하! 그렇구나

## 예수님의 무덤은 어디에 있을까?

이슬람교를 믿는 사람들은 창시자인 마호메트의 무덤, '예언자의 모스크(알 마스지드 안 나바위)'를 성스러운 장소로 여겨요. 사우디아라비아의 메디나에 위치한 이곳은 마호메트가 태어난 메카에 이은 제2의 이슬람 성지이지요. 이슬람교 신자들은 평생 이곳을 방문하기를 소원한답니다. 또 불교를 믿는 사람들은 석가모니가 죽음을 맞이했다고 전해지는 인도의 쿠시나가르를 4대 성지 중 하나로 여겨요. 그곳에 있는 열반당에는 석가모니의 죽음을 상징하는 커다란 와불상이 자리잡고 있어요.

이스라엘의 예루살렘에는 예수님의 무덤이 있었다고 추정되는 자리에 지은 성묘교회가 있어요. 이 교회는 예수님의 십자가가 세워진 골고다 언덕 위에 건축되었지요. 326년, 콘스탄티누스 1세의 명령으로 짓기 시작한 성묘교회는 335년에 완공되었어요. 이후 수차례의 파괴와 재건을 거듭하여 오늘의 모습에 이르게 되었지요.
이스라엘에서 성지순례를 하는 사람들은 성묘교회에 방문하여 예수님의 죽음을 기억해요. 하지만 사실 성묘교회 자체가 거룩한 의미를 갖는 것은 아니에요. 우리가 예수님을 믿는 이유는 예수님이 '부활'하셨기 때문이에요.

예수님은 우리를 위해 죽으시고, 부활하셨어요! 우리에게 중요한 것은 예수님의 시체가 안치되었던 무덤이 아니라 부활하신 예수님이 떠나신 '빈' 무덤이랍니다. 죽음의 권세를 이기고 부활하신 예수님을 함께 기뻐하며 찬양해요.

# 주니어 사순절 큐티

초판발행 2025년 2월 7일
지 은 이 한국장로교출판사 기획편집국
펴 낸 이 강성훈
펴 낸 곳 한국장로교출판사
주　　소 03128 / 서울 종로구 대학로3길 29, 신관 4층
전　　화 (02) 741-4381~2 / 팩스 741-7886
영 업 국 (031) 944-4340 / 팩스 944-2623
홈페이지 www.pckbook.co.kr
등　　록 No. 1-84(1951. 8. 3.)
I S B N 978-89-398-4619-7

책임편집 정현선
편　　집 오원택 김효진 박신애
디 자 인 남충우 김소영
집　　필 김주영 김효진 박보현 박신애 이지은
부록감수 박요한
경영지원 박호애 서영현
마 케 팅 박준기 이용성 이현지

값 5,500원